YAHUAH (יהוה)

Leitfaden der Wiederherstellung

Der wahre Name des Schöpfers und Erlösers

Dr. Yeral E. Ogando

YAHUAH (יהוה): Leitfaden der Wiederherstellung:

Der wahre Name des Schöpfers und Erlösers

Die Schriftzitate stammen aus der *Dabar Yahuah Scriptures* – Bibel (www.yahuahbible.com).

Für weitere Informationen und Studien zur Wiederherstellung besuchen Sie:

www.yahuahinstitute.org

Weitere Bücher und Veröffentlichungen finden Sie in der Dabar Yahuah - Bibliothek:

www.yahuahdabar.com

ISBN 13: 978-1-946249-68-5

WIDMUNG

Dieses Buch ist der Einzigen und beständigen Person gewidmet, die immer für mich da gewesen ist, egal wie stur ich bin: **YAHUAH** Ich möchte dieses Werk auch euch (den Lesern) widmen, weil ihr euch die Zeit genommen habt, dieses biblische Handbuch zu lesen; ich hoffe, dass der Segen von YAHUAH mit jedem Einzelnen von euch ist, während ihr dieses Handbuch lest. Und auf eine ganz besondere Weise möchte ich diesen Leitfaden der Person widmen, die mich dazu brachte, ihn zu erschaffen, Hiraida Ogando Diaz hr alle habt einen besonderen Platz in meinem Herzen.

Immer.

YAHUAH (יהוה) – Leitfaden der Wiederherstellung

DANKSAGUNGEN

Dank an YAHUAH dafür, dass diese Anleitung Wirklichkeit werden konnte und dafür, dass er mir Kraft, Weisheit und Verständnis gegeben hat, sie zu schreiben.

Besonderer Dank an Hiraida Ogando Díaz, die die Inspiration dafür gewesen ist, dass dieser Leitfaden eine Realität in unserem Leben ist. Dies ist eine sehr gesegnete Reise für meine Familie gewesen, und die Belohnung ist würdig. Danke an meine Kinder, Yeiris, Tiffany, Bennett, Ethan und Nathan dafür, dass sie während dieser Reise an meiner Seite geblieben sind. Ihr wisst, dass ich euch liebe.

YAHUAH (יהוה)

Leitfaden der Wiederherstellung

Gebet

Mein YAHUAH ALOHIYM ich komme vor deine Gegenwart im Namen deines Geliebten Sohnes YAHUSHA, indem ich für jede Person Fürbitte einlege und bete, die diesen Leitfaden liest und ihn im Verlauf der kommenden Jahre weiter lesen wird. Gib ihnen Verständnis und Weisheit, damit sie diesen Leitfaden mit einem offenen Verstand und einem Herzen lesen können, das vollständig bereit ist, die Wahrheit deines Wortes zu empfangen. Berühre ihre Herzen und öffne ihre Augen, damit das Licht deiner Wahrheit eine Realität in jedem Einzelnen von ihnen sei. Im mächtigen Namen von YAHUSHA. Amen.

Inhaltsverzeichnis

Einführung 1

Kapitel I: Die Schöpfung 3

Der Garten Eden und Der Fall 5

Ursprung der Dämonen 8

Der Turm von Babel 13

Sodom und Gomorra 15

Kapitel II: Josef (Yoseph) und Die Sklaverei 17

Die Sünde und Das Gesetz 19

Was bedeutet genau diese Aussage? 21

Die Zehn Gebote 22

Das Halten des Sabbats (Viertes Gebot) 25

YAHUSHA und die Zwei Gebote 28

Kapitel III: Die Feste von YAHUAH (Biblische Feste) 35

Im Passah oder Pesach starb. 38

Pesach (Passah) und Ungesäuerte Brote 39

Zukünftige Anwendung: Tod von YAHUSHA am Pfahl. 43

Fest von Shabua (Pfingsten) 44

Fest der Trompeten 47

Fest oder Tag der Versöhnung (Yom Kippur) 50

Fest der Tabernakel oder Sukkah 51

Das Letzte Große Fest 54

Kapitel IV: Das Hebräische Alphabet 57

Kapitel V: Der Name von YAHUAH (יהוה) 60

Der Name von YAH (יה) 62

Ist der Name von YAHUAH in der Bibel? 62

Warum ist es wichtig, den Namen von YAHUAH zu kennen? 63

Andere Namen von YAHUAH in der Bibel 65

Titel, Attribute und Kombinationen der Namen von YAHUAH 66

Andere Attribute und Titel von YAHUAH 68
Woher kommt das Wort Gott? 69
Der Name von YAHUSHA (ע ש י ה ו) 70
Der Name seines Sohnes ist YAHUSHA (ע ש י ה ו) 71
Ursprung des Namens Jesus 71
Welcher Name wurde gegeben? Der Name YAHUSHA. 73
Die Wichtigkeit des Namens 75
Kapitel VI: Konstantin und das Konzil von Nicäa 78
Der Gott des Reiches Konstantins 79
Kapitel VII: Die Ersten Bibeln 83
Kapitel VIII: Verschiedene Arten von Kalendern 86
Ursprung des Sol Invictus am 25. Dezember 91
Die Tage der Wochen und ihre Widmung 92
Biblischer Kalender 94
Beginn des Tages 94
Kapitel IX: Henker und Verfolger der Anhänger YAHUAHS 97
Götzen 102
Kapitel X: Die Erlösung 108
Fassen wir zusammen: 110
Die Auserwählten 115
Schlussfolgerung 125
Gebet 130
Bibliografie 135

Einführung

Ich freue mich, mit jedem einzelnen von euch, meinen lieben Lesern, das zu teilen, was euch meiner Meinung nach helfen kann, Frieden und Ruhe in eure Leben und Herzen zu bringen, sowie auch Freude, Jubel und Frohlocken zu schenken. In diesem kurzen Leitfaden werden wir viele wichtige Informationen finden und den Namen unseres Schöpfers YAHUAH und unseres Erlösers YAHUSHA wiederherstellen.

Ebenso werden wir die wahre Bedeutung der Namen lernen, die die Menschheit benutzt hat, um sich auf unseren Schöpfer und Erlöser zu beziehen, und gleichermaßen werden wir die Wahrheit hinter Seinem Namen lernen, um Freiheit und Freude zu erlangen.

Den meisten von uns wurde wenig über die Feste von YAHUAH oder Biblische Feste gelehrt. Tatsächlich wurden wir sogar dazu verleitet zu glauben, dass diese Feste abgeschafft worden seien und dass wir sie in unserem Leben nicht mehr feiern müssten. Dennoch werden wir von klein auf dazu verleitet, jedes existierende heidnische Fest zu feiern, einschließlich aller Feiertage zur Verehrung einer Person, Gottheit oder heidnischer Götter.

Dann gelangen wir an eine kleine Weggabelung, die uns darüber nachdenken lässt, was wahrhaftig angemessen oder vorteilhaft für uns als Kinder des Schöpfers YAHUAH ist. Dennoch wird dies eine Entscheidung sein, die jeder von uns selbst treffen muss.

Wir werden nicht nur auf herausfordernde und vielleicht sogar überraschende und schockierende Konzepte für einige stoßen, sondern auch auf die Tatsache, dass die Bedeutung vieler von ihnen dem entgegengesetzt ist, was man uns gesagt oder gelehrt hat. So wie der Apostel Paulus, wenn er uns in 1 Thessalonicher 5: 21 sagt, Prüft alles; behaltet das Gute, befiehlt er uns, alles zu prüfen oder zu erforschen und noch mehr, das Gute zu behalten, so ermahne ich euch, eure eigenen Nachforschungen über die hier behandelten Themen anzustellen. Denn dies ist es, was uns zu einem angenehmen Leben und im Gehorsam gegenüber unserem Schöpfer YAHUAH und Erlöser YAHUSHA führen wird.

In dieser Studie werden wir die wahren Namen unseres Schöpfers YAHUAH und den wahren Namen unseres Erlösers YAHUSHA kennenlernen und warum sie wichtig sind; wir werden über das Hebräische Alphabet, die verschiedenen Kalender und ihre Relevanz in unserem Leben lernen. Ebenso werden wir den Ursprung der Dämonen sehen, die Versklavung des Volkes von YAHUAH, die Gebote und einige Begriffe wie Gott, Herr, Jesus und Christus unter anderen, wobei wir den Hintergrund und die Geschichte des römischen Kaisers Konstantin berücksichtigen. Schließlich werden wir einige Daten über die ersten Versionen der Bibel und die Biblischen Feste von YAHUAH lernen.

Ich bete zu meinem YAHUAH ALOHIYM, dass er jeder Person Weisheit und Verständnis gebe, die die Gelegenheit hat, diese Informationen im Namen Seines geliebten Sohnes YAHUSHA zu lesen und zu teilen. Wir müssen uns daran erinnern, dass die Darstellung der hier dargelegten Daten in keiner Weise den Zweck hat zu kritisieren noch zu debattieren und noch viel weniger irgendjemanden herabzusetzen. Das einzige Ziel ist, dass wir die Wahrheit kennenlernen und dass wir schließlich frei sein und unser Vertrauen auf YAHUAH setzen können.

KAPITEL I

Die Schöpfung

Alle kennen wir den Bericht der Schöpfung und wie YAHUAH alles in sechs Tagen erschuf und am siebten Tag ruhte. Lassen Sie uns dann eine etwas umfassendere Perspektive über die Schöpfung sehen und welche Dinge an jedem Tag erschaffen wurden.

Tag eins	**Tag zwei**	**Tag drei**
Jubileen 2:2 – Genesis 1:1-5	Jubileen 2:4 – Genesis 1:6-8	Jubileen 2:5-7 – Genesis 1:9-13
Die Himmel	Firmament	Körper der Wasser
Die Wasser		Der Tau
Engel		Pflanzen
Die Geister		Garten Eden
Abgrund		
Finsternis		
Licht		
Tag vier	**Tag fünf**	**Tag sechs**
Jubileen 2:8-10 – Genesis 1:14-19	Jubileen 2:11-12 – Genesis 1:20-23	Jubileen 2:13-14 – Genesis 1: 24-31
Die Sonne	Meeresungeheuer	Landtiere
Der Mond	Meeresleben	Vieh
Die Sterne	Die Vögel	Alles, was sich auf der Erde bewegt
		Der Mensch
Tag sieben		
Jubileen 2:17-18 – Genesis 2:1-3		
Jubileen 2: 17-18. Und er gab uns ein großes Zeichen, den Tag der Ruhe,		

damit wir sechs Tage arbeiten, aber den Sabbat am siebten Tag von aller Arbeit halten. 18. Und alle Engel der Gegenwart und alle Engel der Heiligung, diese zwei großen Klassen: Er hat sie für uns verborgen, damit wir den Sabbat mit Ihm im Himmel und auf der Erde halten.

Dies sind die zweiundzwanzig Werke der Schöpfung und das größte Wunder, das von YAHUAH seit dem Beginn der Menschheit erschaffen wurde: Der siebte Tag als Ruhe, welcher sowohl auf der Erde als auch in den Himmeln gehalten werden soll.

Tag 1: YAHUAH erschuf die Himmel, die Wasser, die Engel (jede Art von Engeln), die Geister (verstanden als jeder lebendige Geist, einschließlich des Geistes des Menschen), die Abgründe, die Finsternis (nächtlicher Teil der Natur) und Licht (täglicher Teil der Natur). Es ist wichtig, dass wir uns daran erinnern, dass das Licht, von dem hier gesprochen wird, nicht das Licht der Sonne ist.

Tag 2: YAHUAH erschuf nur das Firmament am zweiten Tag. Das heißt, das feste Himmelsgewölbe oder Himmelsgewölbe, das man von jedem Punkt der Erde aus sehen kann. Dort können wir die Wolken sehen, die sich bewegen, die Vögel fliegen, die Sonne, den Mond und die Sterne.

Tag 3: YAHUAH erschuf die Körper der Wasser (YAHUAH ordnet an, dass die Wasser sich an einem einzigen Ort oder Wasserkörper sammeln), den Tau, alle Pflanzen und den Garten Eden.

Tag 4: YAHUAH erschuf die Sonne, den Mond und die Sterne. Erst am vierten Tag wurden diese Gestirne oder Lichter erschaffen, nicht vorher. Und sie wurden in das Firmament gesetzt, um das Licht von der Finsternis zu trennen, über den Tag und die Nacht zu herrschen. Am vierten Tag sind wir nicht mehr ausschließlich vom Licht und der Finsternis der Natur abhängig, sondern jetzt haben wir die erschaffenen Lichter für den Tag und die Nacht.

Tag 5: YAHUAH erschuf die Meeresungeheuer, das gesamte Meeres- oder Wasserleben und jede Art von Vögeln. Auch wenn wir sie nicht gesehen haben, existieren oder existierten die Meeresungeheuer.

Tag 6: YAHUAH erschuf alle Tiere auf der Fläche der Erde, jede Art von Vieh, alles, was sich auf der Erde bewegt, und schließlich erschuf YAHUAH den Menschen. Obwohl es überraschend erscheinen mag, erschuf YAHUAH am sechsten Tag den Panzer oder Körper des Menschen (gebildet aus dem Staub der Erde) und dann hauchte er den Atem des Lebens oder den Geist ein, der am ersten Tag erschaffen wurde.

Tag 7: YAHUAH erschuf den Ruhetag, um ihn sowohl auf der Erde als auch in den Himmeln zu halten.

Alles, was YAHUAH erschuf, war gut und er erfreute sich an seiner ganzen Schöpfung. Es gab absolut nichts Böses oder mit Neigung zum Bösen. YAHUAH hat keine Verbindung mit dem Bösen oder der Erschaffung des Bösen. Es existiert keinerlei Bosheit in seiner Schöpfung und das Böse wurde NICHT von YAHUAH erschaffen.

Der Garten Eden und Der Fall

Die Schöpfung ist vollendet worden und die Ruhe geschieht am siebten Tag. Der Garten Eden wurde am dritten Tag zur Freude und zum Genuss der Hauptfiguren der Schöpfung (Adam und Eva) erschaffen.

Genesis 2: 15-17 Da nahm YAHUAH ALOHIYM den Menschen und setzte ihn in den Garten Eden, damit er ihn bebaue und bewahre. 16 Und YAHUAH ALOHIYM gebot dem Menschen und sprach: Von jedem Baum des Gartens darfst du essen; 17 aber vom Baum der Erkenntnis des Guten und des Bösen sollst du nicht essen; denn an dem Tag, an dem du davon isst, wirst du gewiss sterben.

Der Mensch hatte die Verantwortung, den Garten zu bebauen und zu bewahren. Alles, was im Garten war, war zur Freude und zum Genuss des Menschen, dennoch gab es nur ein Verbot oder eine Regel: Der Mensch durfte nicht vom Baum der Erkenntnis des Guten und des Bösen essen.

Der Mensch kannte nur das Gute oder das Gute, und alles kam von YAHUAH, dennoch wurden seine Augen geöffnet, als er vom Baum der Erkenntnis des Guten und des BÖSEN kostete, und er begann, den Unterschied zwischen Gut und Böse zu erkennen oder zu wissen.

Folglich würden Adam und Eva durch den Ungehorsam gegenüber dem Gebot von YAHUAH die Konsequenzen ihrer Handlungen tragen, wie YAHUAH bereits angeordnet hatte, „denn an dem Tag, an dem du davon isst, wirst du gewiss sterben." Und so war es, an demselben Tag, an dem sie aßen, starben sie. Das ist die Norm seit dem Fall bis zum Ende der Zeiten gewesen, in denen jedes aus der Sünde geborene menschliche Wesen am selben Tag seiner Geburt stirbt.

Für YAHUAH ist ein Tag wie tausend Jahre und tausend Jahre wie ein Tag. Deshalb hat kein menschliches Wesen tausend Jahre oder einen vollständigen Tag auf dieser Erde erreicht. Römer 3: 23 denn alle haben gesündigt und ermangeln der Herrlichkeit von ALOHIYM. Das ist unsere Realität und das Ergebnis der Sünde oder des Falls. Wir alle werden in Sünde geboren und entfernt von unserem Schöpfer YAHUAH. Die erste Sünde ist folglich der Ungehorsam. Deshalb werden wir alle im Ungehorsam gegenüber YAHUAH und unseren Eltern geboren.

Der Mensch wird aus dem Garten Eden hinausgeworfen, und die Frau, die Schlange und die Erde werden als Ergebnis der Sünde verflucht. Diese Fürsorge, die YAHUAH für seine Schöpfung hatte (Adam und Eva), diese Gemeinschaft und Kommunikation, alles wurde beeinträchtigt und als Ergebnis begann der Ursprung des Bösen mit der Sünde oder dem Fall.

Von hier an begeht Kain den ersten Mord in der Geschichte der Menschheit. YAHUAH nahm das Opfer Abels oder die Erstlinge seiner Früchte an und wies das Opfer Kains zurück.

Kain tötet Abel, heiratet seine Schwester Awan und sie gebar Henoch. In dieser Zeit beginnt man, Häuser auf der Erde zu bauen, und Kain baute die erste Stadt der Welt mit dem Namen seines Sohnes. Eva empfängt und gebiert Seth, der seine Schwester Azura heiratet, die Enos gebar, der der Erste war, der den Namen von YAHUAH auf der Erde anrief. Genesis 4:25 / Jubileen 4:12.

Mehrere Generationen später heiratet Mahalalel Dina, beide aus der Nachkommenschaft Seths, und sie bekommen Jared. In diesem Jahr sendet YAHUAH seine Engel, genannt Wächter, auf die Erde, um die Menschheit zu lehren, Gesetze und Gerechtigkeit auf der Erde auszuüben.

Jubileen 4: 15… Mahalalel nahm sich Dina zur Frau, die Tochter Baraquiels, seine Cousine. Sie gebar ihm einen Sohn im dritten Septenar, im sechsten Jahr, den er Jared nannte, denn in seinen Tagen stiegen die Engel von YAHUAH auf die Erde herab, die sogenannten „Wächter", um die Menschheit zu lehren, Gesetze und Gerechtigkeit auf der Erde auszuüben.

Und der Sohn Jareds, Henoch, ist das erste menschliche Wesen, das Schriften und Buchstaben lernt. Jubileen 4: 17--19 Dieser war der Erste der auf der Erde geborenen Menschheit, der Schrift, Lehre und Weisheit lernte, und er schrieb in einem Buch die Zeichen des Himmels entsprechend der Ordnung ihrer Monate, damit die Menschen die Jahreszeiten der Jahre entsprechend ihrer Ordnung nach ihren Monaten kennen würden. 18 Er war der Erste, der eine Offenbarung schrieb und der Menschheit im irdischen Geschlecht

Zeugnis gab. Er berichtete die Septenare der Jubeljahre, machte die Tage der Jahre bekannt, bestimmte die Monate und berichtete die Wochen der Jahre, wie wir es ihm zeigten. 19 Er sah in nächtlicher Vision, im Traum, was geschehen war und was geschehen wird, und was mit der Menschheit in ihren Generationen bis zum Tag des Gerichts geschehen wird. Er sah und erkannte alles und schrieb sein Zeugnis nieder und hinterließ es als solches auf der Erde für die gesamte Menschheit und ihre Generationen.

Unglaublicherweise wurden die Bücher Henochs abgelehnt und nicht in den Kanon der Bibel aufgenommen. Selbst heute sind viele noch verloren und lesen oder erforschen nicht die Schriften des ersten Menschen, der Offenbarungen vom Beginn der Menschheit bis zum Tag des Jüngsten Gerichts erhalten hat.

Ursprung der Dämonen

Um zu beginnen, werden wir ein wenig zum Anfang der Zivilisation zurückgehen, um dieses Thema verstehen zu können, da wir jahrelang mit falschen Informationen erzogen wurden. Wir hören immer falsche Sätze wie: Warum erschuf YAHUAH ALOHIYM die Dämonen? Viele haben zu viele Erklärungen, um einen solchen falschen Glauben zu rechtfertigen, einen, der das Leben vieler in unserem Jahrhundert zerfressen hat.

Dennoch litten die Alten nicht unter diesen Übeln noch unter diesen Halluzinationen wie heutzutage. Bevor wir zu einer Antwort auf diese Frage gelangen, lasst uns ein wenig die Schriften erforschen, um so zu der Antwort zu gelangen, nach der so viele gesucht haben.

Lassen Sie uns zu Genesis 6: 1 zurückgehen Es geschah, als die Menschen begannen, sich auf der Fläche der Erde zu vermehren und ihnen Töchter geboren wurden, 2 dass die Söhne Alohiyms sahen, dass die Töchter der Menschen schön waren, und sie nahmen sich Frauen aus allen, die sie auswählten. 3 Und YAHUAH sprach: Mein ruach (Geist) wird nicht für immer mit dem Menschen rechten, denn er ist wahrhaftig Fleisch; doch seine Tage sollen hundertzwanzig Jahre sein. 4 Es gab Riesen auf der Erde in jenen Tagen und auch danach, als die Söhne Alohiyms zu den Töchtern der Menschen eingingen und ihnen Kinder gebaren. Diese waren die Helden, die von der Vorzeit her berühmte Männer waren.

Wenn wir den Kontext dieses Kapitels lesen, werden wir verstehen, dass es sich um die Bosheit der Menschen und den Beginn des Baus der Arche als Folge jener Bosheit handelt.

In der spanischen Version sind die Söhne Alohiyms: Die „Söhne Gottes". Es gibt mehrere Theorien, um zu versuchen, diesen Begriff „Söhne Alohiyms" zu definieren. Der Begriff aloĥîym ist die wörtliche oder korrekte Übersetzung des Wortes „Gott" in unserer Sprache und wir können nicht sagen, dass er sich auf die Söhne oder Nachkommenschaft irgendeines menschlichen Wesens bezieht. Ich glaube, dass der hebräische Begriff ausreichend klar für uns ist und deshalb können wir verstehen, dass diese „Söhne aloĥîyms" Engel und keine Menschen waren.

Lassen Sie uns dieselbe Passage lesen, aber im Buch der Jubileen 5: 1 Und es geschah, als die Kinder der Menschen begannen, sich auf der Fläche der Erde zu vermehren und ihnen Töchter geboren wurden, da sahen die Engel Alohiyms in einem bestimmten Jahr dieses Jubeljahres, dass sie schön anzusehen waren; und sie heirateten alle, die sie auswählten, und sie gebaren ihnen Kinder und sie wurden Riesen.

So geschah alles. Am Anfang der Menschheit und nach dem Fall des Menschen sandte YAHUAH die Wächter oder Engel, um der Menschheit die Wege YAHUAHs zu zeigen und sie in der Wahrheit ihres Schöpfers zu unterweisen. Jubileen 4: 15… denn in seinen Tagen stiegen die Engel von YAHUAH auf die Erde herab, die Wächter genannt werden, um die Kinder der Menschen zu unterweisen und um Gericht und Gerechtigkeit auf der Erde auszuüben.

Erinnert euch, dass wie YAHUSHA sagte, im Himmel die Engel weder heiraten noch verheiratet werden. Matthäus 22: 30 Denn in der Auferstehung werden sie weder heiraten noch verheiratet werden, sondern sie werden sein wie die Engel von YAHUAH im Himmel. Mit anderen Worten, die Engel erleben nicht die sexuellen Begierden, die wir Menschen haben.

Dennoch nahmen die Wächter, als sie gesandt wurden, um der Menschheit zu dienen, menschliche körperliche Form an; dies schloss auch die menschlichen Bedürfnisse ein, wenn sie sich dafür entschieden. Im Prozess des Lehrens und Führens der Menschheit sahen die Wächter (Engel), als sie auf der Erde mit den Menschen wohnten, die schönen Töchter der Menschen „Genesis 6: 1-4" und vereinigten sich mit ihnen.

Es ist entscheidend, dass dies verstanden wird, denn indem sie sich mit den Töchtern der Menschen vereinigten, erschufen sie eine neue Rasse oder Spezies, eine, die keine Schöpfung von YAHUAH war, sondern vielmehr eine Schöpfung der Menschen mit den Engeln, die den Bund mit YAHUAH gebrochen hatten. Die Kinder dieser Vereinigung wurden in der Bibel Nefilim genannt und waren die Riesen der Antike. NOCH EINMAL, sie wurden nicht von YAHUAH erschaffen, sie waren eine FORTPFLANZUNG oder das Produkt der Vereinigung der Wächterengel mit den Töchtern der Menschen.

Diese neue Rasse stellt dann die absolute Verderbnis der Schöpfung oder des Werkes unseres Schöpfers dar. Zum ersten Mal in der Geschichte der Menschheit hatten die Wächterengel und die Töchter der Menschen die DNA der Schöpfung von YAHUAH manipuliert und sie mit unreinem Blut verdorben. Ihre Vermehrung war gigantisch, in einer solchen Weise, dass die gesamte Schöpfung mit dieser Rasse verdorben wurde, die nicht Teil der Schöpfung von YAHUAH war.

Jubileen 4: 22 Und er gab Zeugnis gegen die Wächter, die mit den Töchtern der Menschen gesündigt hatten; denn diese hatten begonnen, sich zu vereinen, um sich mit den Töchtern der Menschen zu verunreinigen, und Henoch legte gegen sie alle Zeugnis ab.

Genesis 6: 5 Und YAHUAH sah, dass die Bosheit der Menschen groß war auf der Erde und dass alles Dichten der Gedanken ihres Herzens allezeit nur böse war. Dies ist das Ausmaß, zu dem die Verunreinigung der Schöpfung aufgrund der Unreinheit der neuen Rasse der Nefilim gelangte, sodass YAHUAH die Sintflut bestimmte, um das EINZIGE zu RETTEN, das noch rein von seiner Schöpfung geblieben war. Deshalb fand Noah Gnade vor den Augen von YAHUAH. Genesis 6: 9…Noah, ein gerechter Mann, war vollkommen in seinen Generationen; mit YAHUAH wandelte Noah.

Der Begriff, den das Hebräische verwendet, um Noah als vollkommen zu beschreiben, ist „tâmîym (תָּמִים)", was Rein, makellos, ohne Fehler bedeutet. Mit anderen Worten, Noah war das Einzige Reine, das von der Schöpfung YAHUAHs übrig geblieben war, weshalb er die Sintflut sandte und die gesamte Menschheit umkam. Dennoch konnte er den reinen Teil seiner Schöpfung retten: Noah mit seiner Frau und seinen drei Söhnen mit ihren jeweiligen Frauen (insgesamt 8 Personen). Die Sintflut kam wegen der Verunreinigung der gefallenen Engel mit den Töchtern der Menschen. Als die Menschheit, die Tiere und die gesamte Schöpfung verdorben wurden, entscheidet YAHUAH, Noah und seine Familie zu retten und von Neuem zu beginnen.

Obwohl wir alle diese Geschichte kennen und bis jetzt alles gut ist, ist der Teil, den die Mehrheit nicht berücksichtigt, dass auch die Nefilim umkamen, aber da sie nicht Teil der Schöpfung von YAHUAH waren, gab es keinen geschaffenen Ort für ihre Geister oder Seelen. Diese sind diejenigen, die wir als DÄMONEN kennen. Mit anderen Worten, die Seelen (Geister) der Nefilim sind das, was wir als Dämonen kennen.

Ursprung der Dämonen: Kinder der Wächter (Engel) und Frauen, die in den Zeiten der Sintflut umkamen oder starben. Diese Seelen oder Geister sind die Dämonen.

Wie wir sehen können, hat YAHUAH niemals etwas erschaffen, das böse ist, alles, was Er erschuf, war gut. Diejenigen, die die Dämonen oder dämonischen Wesen erschufen, wie auch immer Sie sie nennen möchten, waren die Wächter (Engel) und die Menschen oder Töchter der Menschen.

Die Mütter dieser bösen Wesen oder Dämonen kamen um, und die Väter, die Wächter, wurden in ewige Gefängnisse eingeschlossen und warten auf den Tag des großen Gerichts, an dem sie als Vergeltung für ihre Sünde die vollständige Vernichtung empfangen werden.

Dies lässt uns wissen, dass die Dämonen nicht die Macht haben, die die Mehrheit der Menschen ihnen zuschreibt; sie können dich weder berühren noch dir direkt irgendeinen Schaden zufügen. Sie sind körperlos und um einen Menschen zu besitzen, muss dieser ihnen Raum und Eintritt gewähren, genauso wie als sie YAHUSHA um Erlaubnis baten, in die Schweineherde einzugehen. Die Dämonen können nur einen anderen schwachen Menschen beeinflussen oder benutzen, um jemandem körperlichen Schaden zuzufügen, aber sie KÖNNEN dich NICHT berühren.

In dem Moment, in dem YAHUAH bereit ist, alle Dämonen einzuschließen, die von den Engeln und den Menschen gezeugt wurden, bittet Satan (Mastema) YAHUAH, ihm einige zu lassen, um seinen Zweck auf der Erde zu erfüllen. YAHUAH gewährt seinen Wunsch und lässt ihm 10% der Dämonen, die der Stimme und dem Befehl Satans gehorchen.

Normalerweise würden wir denken, dass das Ende der Rasse der Nefilim und der Wächter die Sintflut war, jedoch war es traurigerweise nicht so. Es gibt eine Geschichte im Buch Enky, einem der verborgenen Bücher, über einen Nefilim-Dämon, der die Sintflut überlebte und der sehr langsam und über die Jahrhunderte hinweg mit der Fortpflanzung der Rasse der Nefilim, der Riesen, fortfuhr.

Das Interessanteste oder Traurigste ist, dass die Lehre der Wächter über die Jahre hinweg weiter bestanden hat. Der Pionier oder Vater dieser Lehre ist einer der Nachkommen Sems. Jubileen 8: 1-4 Und im neunundzwanzigsten Jubeljahr in der ersten Woche, an ihrem Anfang nahm Arpachschad eine Frau und ihr Name war Rasueya, Tochter Susans, Tochter Elams, zur Frau. Und sie gebar ihm einen Sohn im dritten Jahr jener Woche, und er nannte ihn Kainan, 2 und das Kind wuchs heran. Und sein Vater lehrte ihn schreiben. Und er ging hinaus, um einen Ort zu suchen, wo er eine Stadt bauen könnte. 3 Und er fand eine Schrift, die die Vorfahren in Stein eingraviert hatten. Und er las, was darin war. Und er schrieb es ab. Und er sündigte wegen dessen, was darin war, denn darin war die Lehre der Wächter, durch die sie gewöhnlich die Vorzeichen der Sonne und des Mondes und der Sterne innerhalb aller Zeichen des Himmels beobachteten. 4 Und er kopierte sie, sagte es aber nicht, weil er sich fürchtete, es Noah zu sagen, damit dieser nicht zornig auf ihn würde deswegen. Kainan wusste, dass es eine falsche oder heidnische Lehre war, weshalb sie von YAHUAH verboten war, deshalb hielt er sie geheim und informierte seinen Vater Noah nicht. Er kopierte diese Lehren der Wächter und dieselben haben bis zu unseren Tagen überlebt. So sehr, dass sogar in den Kirchen selbst die Lehren und Doktrinen der Wächter zu finden sind.

Der Turm von Babel

Viele von uns haben vom Turm von Babel gehört, aber wenige halten inne, um darüber nachzudenken, was in jenem Moment wirklich geschah. Genesis 11: 2 Zu jener Zeit sprach man auf der ganzen Erde nur eine Sprache. Dies zeigt uns, dass die Menschen zu diesem Zeitpunkt noch die Sprache der Schöpfung sprachen; eine einzige Sprache oder Zunge existierte in der Menschheit bis zu diesem Punkt.

Jubileen 12: 26 Und ich öffnete seinen Mund und seine Ohren und seine Lippen und begann mit ihm auf Hebräisch zu sprechen, in der Sprache der Schöpfung. Mit anderen Worten, Hebräisch ist die ursprüngliche Sprache und war die Sprache der Schöpfung, nicht das moderne Hebräisch, das wir heute kennen, sondern vielmehr das alte Hebräisch.

Genesis 11: 4 Dann sagten sie: „Lasst uns eine Stadt mit einem Turm bauen, der bis zum Himmel reicht. Auf diese Weise werden wir berühmt werden und vermeiden, über die ganze Erde zerstreut zu werden." Alle vereinigten sich zu einem Zweck, berühmt zu werden und, noch wichtiger, nicht über die ganze Erde zerstreut zu werden.

Sie wussten bereits, dass sie zerstreut werden würden, aber sie waren voller Stolz und Hochmut und wollten den Himmel erreichen. Das heißt, das Firmament erreichen. Jubileen 10: 18 „Siehe, die Kinder der Menschen sind böse geworden durch verderbte Ratschläge, sodass sie sich eine Stadt und einen Turm für sich selbst im Land Schinar bauen."

Lasst uns hier die Gedankenkette verstehen. Die Menschheit hatte die Sintflut durchlebt, aus der die Dämonen als Produkt des Menschen und der Engel hervorgingen. Die Menschheit verdarb erneut ihre Wege „durch verderbte Ratschläge", das heißt, sie hörten auf böse Stimmen oder Einflüsse der Geister des Verderbens oder Dämonen und lernten aus der Lehre der Nefilim oder der Wächter.

Damit sie ihre Absichten nicht erreichen konnten, entschied YAHUAH ALOHIYM, die Sprache zu verwirren, die sie sprachen, weshalb er sie über die ganze Fläche der Erde zerstreute und aufgrund der Sünde den Ursprung aller Sprachen der Erde schuf. Derselbe nefilimische oder dämonische Einfluss ist es, der das Herz und den Verstand der Menschheit erfüllt hat und bis zum heutigen Tag fortbesteht.

Sodom und Gomorra

Es ist nach der Sintflut und der Verwirrung der Sprachen oder Idiome, dass wir zur Zerstörung von Sodom und Gomorra gelangen. Viele verstehen diesen biblischen Bericht nicht, weil uns die Wahrheit der Schriften nicht gelehrt wurde, aber wir werden ihn kurz betrachten.

Alle erinnern sich an Abraham, der einen Neffen namens Lot hatte. Sein Reichtum und seine Besitztümer hatten in einer solchen Weise zugenommen, dass sie sich trennen und an getrennten Orten leben mussten, und dann blieb Lot in den Gebieten von Sodom und Gomorra wohnen. Ihr könnt Genesis 19 lesen für ein besseres Verständnis.

Die Sünde war so groß in Sodom und Gomorra, dass YAHUAH bestimmte, dass diese Städte zerstört werden sollten. Viele denken, dass es wegen Homosexualität oder Lesbianismus war, aber so ist es nicht. Dies sind Sünden wie alle anderen auch. Die Sünde, die den Becher überlaufen ließ, steht im folgenden Bericht.

Genesis 19: 5 Und sie riefen Lot und sagten zu ihm: Wo sind die Männer, die heute Nacht zu dir gekommen sind? Bring sie heraus zu uns, damit wir sie erkennen.

Lasst mich euch das Schlüsselwort in diesem Vers erklären, genau dasjenige, das zur Zerstörung der Bewohner dieser Stadt führt, die wollten, dass Lot ihnen die Besucher ausliefert „damit wir sie erkennen“. Dieser Begriff wird in den Schriften verwendet, um sich auf den Moment zu beziehen, in dem ein Mann sich einer Frau nähert oder sie intim erkennt, das heißt und in klareren Begriffen, wenn sie sexuelle Beziehungen haben.

Dies war das Ziel der Bewohner der Stadt. Lot schlägt ihnen vor, ihnen seine zwei jungfräulichen Töchter auszuliefern, aber sie weigerten sich, weil sie etwas anderes suchten. Könnt ihr euch vorstellen, wonach sie suchten?

Die Bewohner dieser Städte hatten Kenntnis von der Rasse der Nefilim, die in den Zeiten der Sintflut erschaffen worden waren, und da sie bereits eine Mischung aus Nefilim-Blut hatten, versuchten sie, erneut dieselbe Verderbnis nachzubilden oder zu zeugen, die die Wächter in der Vergangenheit erschaffen hatten. Ihr Ziel war es, erneut eine neue Rasse zu erschaffen: Vereinigung von Menschen mit Engeln.

Folglich wussten sie bereits, dass diese Männer göttlich waren und versuchten, die Fortpflanzung ihrer Väter zurückzubringen. Aber YAHUAH konnte nicht zulassen, dass eine solche Verderbnis noch einmal mit Seiner Schöpfung geschah, und deshalb bestimmte er die Zerstörung von Sodom und Gomorra mit Feuer vom Himmel.

Traurigerweise ist die Welt bereits wie Sodom und Gomorra, und das bevorstehende Gericht zusammen mit der Zerstörung steht nahe bevor. Der Mensch modifiziert bereits die DNA und verdirbt die Schöpfung von YAHUAH in großem Maße, und das, was sie Evolution oder Entwicklung nennen, wird sich in die Zerstörung der Menschheit verwandeln.

KAPITEL II

Josef (Yoseph) und Die Sklaverei

Wir erinnern uns an Jakob (Yaʿăqôb), von dem die zwölf Stämme Yasharals hervorgehen. Bis zu diesem Zeitpunkt in der Geschichte war das Volk von YAHUAH oder Yasharal kein Sklave irgendeiner Nation.

Als Yoseph begann, Träume von YAHUAH zu haben, wurden seine Brüder, die bereits genug eifersüchtig auf ihn waren, weil Yaʿăqôb ihn den anderen vorzog, da er aus der Liebe seines Lebens Rachel geboren worden war, für die Yaʿăqôb 14 Jahre gearbeitet hatte, noch eifersüchtiger. Genesis 37: 3 Yasharal (Yaʿăqôb) liebte Josef (Yoseph) mehr als seine anderen Söhne, weil er ihn in seinem Alter bekommen hatte. Deshalb ließ er ihm ein sehr elegantes Gewand anfertigen.

Die Eifersucht war so groß, dass die Brüder von Yoseph einen Plan schmiedeten, ihn zu töten, aber Ruben ließ es nicht zu. Genesis 37: 20-21 Jetzt ist seine Stunde gekommen. Lasst uns ihn töten und in eine dieser Zisternen werfen, und wir werden sagen, dass ihn ein wildes Tier gefressen hat. Und dann werden wir sehen, wie seine Träume enden! 21 Als Ruben dies hörte, rettete er ihn aus ihren Händen und sagte: Lasst uns ihn nicht töten.

Später versuchte sein Bruder Yahûdâh (Juda), zu verhindern, dass sie das unschuldige Blut ihres Bruders vergossen, und schließlich beschlossen sie, ihn zu verkaufen. Genesis 37: 26-27 Da schlug Juda seinen Brüdern vor: Was gewinnen wir damit, unseren Bruder zu töten und seinen Tod zu verbergen? 27 Statt ihn zu töten, verkaufen wir ihn an die Ismaeliten; schließlich ist er unser eigener Bruder. Seine Brüder stimmten ihm zu.

Eine sehr weise Entscheidung von Yahûdâh. Das Einzige war, dass seine Brüder zu keinem Zeitpunkt an die zukünftigen Konsequenzen ihrer Handlungen dachten. Mit dieser Handlung, ihren Bruder in die Sklaverei zu verkaufen, verkauften sie sich selbst und ihre Nachkommenschaft für fast 450 Jahre in die Sklaverei. Es ist bemerkenswert, dass die Entscheidung von Yahûdâh (Juda) ihn zu der Person machte, die die erwählte Linie des Messias für die kommenden Jahrhunderte tragen würde.

Seine Brüder schmiedeten den Plan, ihren träumenden Bruder zu versklaven, dennoch benutzte YAHUAH diesen Plan, um seinen Zweck und die Träume zu erfüllen, die er mit Yoseph geteilt hatte. Aber die Entscheidung seiner Brüder verurteilte sie und alle ihre Nachkommen zur Sklaverei. Es ist ein wenig ironisch!

Dies ist meine Lieblingsgeschichte in der ganzen Bibel und der Charakter von Yoseph ist mein bevorzugter, weil mich die Beziehung von Yoseph zu YAHUAH überrascht. Yoseph vertraute einfach darauf, dass das, was in seinem Leben geschah, aus einem Grund geschah und dass hinter diesem Grund sein Schöpfer YAHUAH verherrlicht werden würde.

Das Erstaunliche ist, dass zu keinem Zeitpunkt aufgezeichnet wird, dass YAHUAH direkt mit Yoseph sprach. YAHUAH musste nicht mit Yoseph sprechen, beide wussten, dass der Plan gemäß dem Willen von YAHUAH ausgeführt werden würde und Yoseph diesen Willen akzeptieren würde, egal welcher er wäre. Dies ist das, was wir ein Leben des Glaubens nennen oder durch Glauben leben. Immer war es durch den Glauben.

Mit diesem Bericht können wir klar verstehen, woher die Sklaven kommen, die YAHUAH befiehlt aus Ägypten zu retten, indem er Môsheh (Mose) als befreiende Hand benutzt.

Die Sünde und Das Gesetz

Es ist unerlässlich zu verstehen, was die Sünde wirklich bedeutet und was das Gesetz in unserem Leben darstellt. Wir hören viele Versionen über die Erbsünde und die Schlussfolgerung, zu der die Mehrheit der Menschen gelangt, ist, dass die Sünde das Essen der verbotenen Frucht war (es ist kein Apfel).

Genesis 3: 16-17 Und YAHUAH ALOHIYM gebot dem Menschen und sprach: Von jedem Baum des Gartens darfst du essen, aber vom Baum der Erkenntnis des Guten und des Bösen sollst du nicht essen, denn an dem Tag, an dem du davon isst, wirst du gewiss sterben.

Wenn wir aufmerksam lesen, war die Sünde Adams in Wirklichkeit nicht das Essen der Frucht, die YAHUAH ihm verboten hatte zu essen. Das Essen der Frucht war das Ergebnis der Sünde, nicht die Sünde selbst.

Die wahre Sünde war der UNGEHORSAM. Der Mensch erhielt sein erstes Gebot oder Gesetz und es war, nicht vom Baum der Erkenntnis des Guten und des Bösen zu essen.

Als der Mensch dem Gebot seines Schöpfers ungehorsam wurde und infolge des Brechens dieses Gesetzes oder seiner Verordnung dazu kam, von der verbotenen Frucht zu essen.

Erlauben Sie mir, es auf eine klarere und zeitgemäßere Weise zu erklären. Sie sagen zu Ihrem Kind: „Fass die Schlüssel nicht an. Es sind die Schlüssel meines Autos und sie sind nicht zum Spielen da. Wenn du sie anfasst, werde ich dich bestrafen.“ Etwas Einfaches, Simples und Klares.

In dem Moment, in dem Ihr Kind die Schlüssel anfasst, fühlen Sie Zorn, Ärger und Ungeduld, weil Ihr Kind Ihrem Gebot UNGEHORSAM war. Und Sie gehen sofort dazu über zu tadeln, zu bestrafen und das Gebot, das Sie gegeben hatten, zu wiederholen.

Sie wollen, dass Ihr Kind Ihren Anordnungen oder Geboten gehorcht, da Sie verstehen, dass es durch den Gehorsam gegenüber Ihrem Gebot als guter Mensch und im Gehorsam wachsen kann. Der Ungehorsam ist der Teil, der uns wütend macht, es geht nicht um die Schlüssel, sondern darum, unseren Anordnungen ungehorsam gewesen zu sein. Dies ist die Erbsünde und das, was zum Fall der gesamten Menschheit führte: „der Ungehorsam".

Ich glaube, dass wir immer noch nicht gut verstehen oder verinnerlichen, was die Erbsünde oder der Ungehorsam wirklich in unserem Leben ist oder bedeutet. Da es die Erbsünde ist, werden wir alle mit dem Zeichen der Sünde in unseren Körpern geboren, das heißt, vom Moment an, in dem wir empfangen werden und in diese Welt kommen, ist unser treuer Begleiter die Erbsünde oder der Ungehorsam.

Warum glaubt ihr, dass das Erste, was ein Kind lernt zu sagen, NEIN ist? Und unsere größte Arbeit als Eltern ist es, unseren Kindern Gehorsam beizubringen. Denn wir wurden mit der Sünde des Ungehorsams geboren und wollen nur tun oder leben ohne Gesetz „in Sünde".

Das Kind will die ganze Zeit tun, was ihm gefällt, es will den Geboten und Verordnungen nicht gehorchen; egal wie klein irgendein Gebot ist, das wir ihm geben, es akzeptiert es nicht, weil der Ungehorsam der Motor ist, mit dem wir geboren werden.

Und diese Erbsünde, die der Ungehorsam ist, ist jeden Tag unseres Lebens präsent. Wenn das Kind das Jugendalter erreicht, ist die Situation noch schlimmer, tatsächlich nennen einige diese Phase die Phase der Rebellion.

Laut ihnen selbst, den Jugendlichen, wissen sie mehr als die ganze Welt, sie sind die Einzigen, die recht haben, und man kann sie nicht zurechtweisen, weil sie wütend werden, stampfen, fluchen, weglaufen und vollkommen rebellisch sind, weil sie nur nach ihren Launen handeln wollen. Das ist die Manifestation der Erbsünde im Leben.

Wenn wir schließlich das Erwachsenenalter erreichen, denken wir, dass wir den Ungehorsam loswerden werden, aber so ist es nicht, denn solange wir in diesem irdischen Körper sind, werden wir die Erbsünde in uns tragen.

Als Erwachsene wollen wir immer recht haben und wir wollen immer, dass die anderen tun, was wir sagen. In vielen Fällen erschaffen wir sogar unsere eigenen Gesetze, um nach unserer eigenen Meinung zu leben. Wir sind ungehorsam und allergisch gegen alles, was Gesetz genannt wird. Dies ist die menschliche Natur. Dies ist die Erbsünde, die in unserer gesamten Existenz wirkt.

Nichtsdestotrotz müssen wir verstehen und uns fragen, der Ungehorsam gegenüber was? Der Ungehorsam gegenüber dem Gesetz, das uns gegeben wurde. Aber wenn wir dieses Gesetz, das uns gegeben wurde, nicht hätten, dann gäbe es keine Sünde oder keinen Ungehorsam.

Was bedeutet genau diese Aussage?

Gehorsam gegenüber dem Gesetz = Keine Sünde

Ungehorsam gegenüber dem Gesetz = Sünde

Das heißt, dass uns das Gesetz gegeben wurde (die zehn Gebote, seine Satzungen und Verordnungen), damit es uns als Regelwerk dient, dem wir folgen sollen, um die Sünde kennenzulernen und zu erkennen, die gleichbedeutend mit Ungehorsam ist. Wenn wir das Gesetz nicht hätten, würden wir die Bedeutung von Sünde nicht kennen.

Daher bedeutet das Befolgen des Gesetzes, ein Leben ohne Sünde zu führen. Das Nichtbefolgen des Gesetzes bedeutet, in einem Leben der Sünde (Ungehorsam) zu wandeln. Römer 3: 20 da durch die Werke des Gesetzes kein menschliches Wesen vor Ihm (YAHUAH) gerechtfertigt werden wird; denn durch das Gesetz kommt die Erkenntnis der Sünde.

Wir brauchen das Gesetz, um in Gehorsam wandeln zu können; das Gesetz ist unser Maßstab, um zu wissen, ob wir in Sünde sind oder nicht. Das Halten des Gesetzes hält uns außerhalb der Sünde, das Nicht-Halten hält uns in der Sünde. Römer 3: 24 indem sie umsonst gerechtfertigt werden durch seine Gnade, durch die Erlösung, die im Messias YAHUSHA ist.

Das Gesetz gibt uns keine Erlösung, nur YAHUSHA, der uns durch seine Gnade rechtfertigt und uns von der Sünde erlöst, kann uns Erlösung geben und als Ergebnis dieser Erlösung oder Errettung in YAHUSHA halten wir seine Gebote und bleiben außerhalb der Sünde.

Für diejenigen, die sagen, dass das Gesetz nicht mehr notwendig ist oder dass es aus der Mode gekommen ist, sage ich: Wenn es so wäre, wie würdest du wissen, was Sünde ist und was nicht? 2 Korinther 5: 20--21 So sind wir nun Botschafter anstelle des Messias, als ob ALOHIYM durch uns bitten würde; wir bitten anstelle des Messias: Versöhnt euch mit YAHUAH. 21 Den, der keine Sünde kannte, hat er für uns zur Sünde gemacht, damit wir in ihm zur Gerechtigkeit ALOHIYMs würden.

YAHUSHA kannte keine Sünde, weil er immer im Gehorsam wandelte; dennoch wurde er für uns zum Sünder, um uns mit dem Vater YAHUAH zu versöhnen. Wir brauchen das Gesetz, um in Gehorsam und ohne Sünde zu wandeln, und wir brauchen YAHUSHA, um Erlösung und ewiges Leben zu erhalten.

Die Zehn Gebote

Lasst uns die zehn Gebote gemäß der Bibel betrachten, da es Menschen gibt, die einige der Gebote akzeptieren und andere nicht. Wir alle verstehen, dass die Gebote die Anordnungen oder Regeln waren, die Mose in Exodus 20 gegeben wurden. Unglaublicherweise akzeptiert und glaubt fast die gesamte Menschheit, ob gläubig oder nicht, an die Mehrheit der Gebote, welche als moralische und zivile Richtlinie in den meisten Ländern der Welt dienen.

3 Du sollst keine anderen Götter vor mir haben: Der hebräische Begriff von du sollst nicht haben ist hâyâh (הָיָה), was existieren bedeutet. Mit anderen Worten, YAHUAH sagt, dass kein anderer existieren wird außer Ihm. YAHUAH ist der einzige Schöpfer und ALOHIYM unseres Lebens. NIEMAND und NICHTS mehr.

4 Du sollst dir kein Bildnis machen, noch irgendein Gleichnis von dem, was oben im Himmel, noch unten auf der Erde, noch in den Wassern unter der Erde ist. 5 Du sollst dich nicht vor ihnen niederbeugen noch sie ehren; denn ich bin YAHUAH dein ALOHIYM, stark, eifersüchtig, der die Bosheit der Väter heimsucht an den Kindern bis in die dritte und vierte Generation derer, die mich hassen, 6 und Barmherzigkeit erweise Tausenden an denen, die mich lieben und meine Gebote halten: Ich verstehe nicht, was daran so schwer zu verstehen sein kann, da alle verwendeten Begriffe und Wörter klar sind. Man soll kein Bild irgendeiner Art ehren und noch viel weniger sich davor niederbeugen (sich niederwerfen, niederknien, anbeten oder verehren). Warum? YAHUAH ist eifersüchtig und teilt Seine Schöpfung mit niemandem, da nur Er der Schöpfer war. Warum also Sein Gebot brechen, indem man Götzen und Bildern folgt, die weder sehen noch fühlen…?

7 Du sollst den Namen von YAHUAH deinem ALOHIYM nicht missbrauchen; denn YAHUAH wird den nicht ungestraft lassen, der seinen Namen missbraucht: Das hebräische Wort zur Definition von vergeblich ist shâv (שָׁוְא), das im Sinne von Verwüstung gemäß der Strong-Konkordanz bedeutet; Übel, Ruin oder besonders Täuschung; Götzendienst, Nutzlosigkeit, vergeblich: - falsch, Lüge, Eitelkeit. Mit anderen Worten, Seinen Namen missbrauchen kann bedeuten: Schlecht reden mit der Absicht, Schaden zuzufügen und jemanden zu zerstören, indem man Seinen Namen benutzt. Seinen Namen benutzen, um zu täuschen, zu lügen oder in Götzendienst, Kulten oder heidnischen Ritualen.

8 Gedenke des Sabbattages, um ihn zu heiligen. 9 Sechs Tage sollst du arbeiten und all deine Arbeit tun; 10 aber der siebte Tag ist Ruhe für

YAHUAH deinen ALOHIYM; du sollst an ihm keinerlei Arbeit tun, weder du noch dein Sohn noch deine Tochter noch dein Knecht noch deine Magd noch dein Vieh noch dein Fremdling, der innerhalb deiner Tore ist. 1 Denn in sechs Tagen machte YAHUAH die Himmel und die Erde, das Meer und alle Dinge, die in ihnen sind, und ruhte am siebten Tag; darum segnete YAHUAH den Ruhetag und heiligte ihn: Es ist das am meisten verletzte und ignorierte Gebot von fast der ganzen Menschheit. Wir ignorieren, dass der Begriff oder Name Samstag, „Shabbath", Ruhe bedeutet; dennoch werden wir mehr über dieses Gebot im Abschnitt über das Halten des Sabbats sprechen.

12 Ehre deinen Vater und deine Mutter, damit deine Tage verlängert werden in dem Land, das YAHUAH dein ALOHIYM dir gibt: Die ganze Welt versteht dieses Gebot gut und korrekt.

13 Du sollst nicht töten: Die ganze Welt versteht dieses Gebot gut und korrekt.

14 Du sollst nicht ehebrechen: Ich glaube, dass dies das zweitmeist verletzte Gebot in der Geschichte der Menschheit ist. Dennoch gibt es einen Aspekt dieses Gebotes, den einige von uns ignorieren, da wir alle denken, dass Ehebruch begehen nur bedeutet, sexuelle Beziehungen außerhalb deiner Ehe oder mit jemandem zu haben, der nicht dein Partner ist. Und ja, das ist das Hauptkonzept, aber der hebräische Begriff ist nâ'aph (נָאַף), der auch als „Apostasie" übersetzt wird, bedeutet „zurückgehen", „rückfällig werden" im geistlichen Sinn oder „YAHUAH den Rücken kehren". Daher bedeutet Ehebruch begehen auch, YAHUAH den Rücken zu kehren oder sich von YAHUAH zu entfernen.

15 Du sollst nicht stehlen: Die ganze Welt versteht dieses Gebot gut und korrekt.

16 Du sollst kein falsches Zeugnis gegen deinen Nächsten reden: Die ganze Welt versteht dieses Gebot gut und korrekt. Aber es wird so

sehr verletzt, dass wir sagen könnten, dass es das drittmeist verletzte Gebot sowohl in impliziter als auch expliziter Form ist.

17 Du sollst nicht begehren das Haus deines Nächsten, du sollst nicht begehren die Frau deines Nächsten, noch seinen Knecht, noch seine Magd, noch seinen Ochsen, noch seinen Esel, noch irgendetwas von deinem Nächsten: Wir alle verstehen dieses Gebot, aber im Moment seiner Anwendung entgeht uns seine Realität und wir vergessen, dass wir die Dinge anderer nicht begehren, wünschen oder lüstern nach ihnen sein sollen.

Von diesen zehn Geboten sind das Zweite und das Vierte die am meisten verletzten oder ignorierten von der Menschheit. Die Menschen wissen, dass sie keine Götzen oder Bilder haben und noch viel weniger sie anbeten sollen.

Dennoch ignorieren sie dieses Gebot und kommen mit allen möglichen billigen Ausreden, um seine Übertretung zu rechtfertigen. Aber am Ende hoffe ich, dass sie zu der biblischen Schlussfolgerung gelangen können, dass sie mit dieser Praxis YAHUAH überhaupt nicht gefallen und dass sie das Zweite Gebot übertreten, das von YAHUAH für ewigen Gehorsam gegeben wurde.

Auch wenn die Nationen der Erde die Gebote als Richtlinie nehmen, um ihre Satzungen und Gesetze zu schaffen, etwas praktisch Universelles, verdrehen und vergessen sie immer das vierte Gebot, den Sabbat zu halten.

Das Halten des Sabbats (Viertes Gebot)

Wir werden lernen, wie das Römische Reich beschloss, den Ruhetag (Sabbat) auf Sonntag zu ändern, ein Ereignis, das für viele als Hauptausrede dient zu sagen, dass YAHUSHA den Sabbat abschaffte oder erfüllte. Dann ziehen diejenigen mit kurzem Verständnis es vor, betrügerisch den Sonntag anstatt des Sabbats zu halten.

Das Erste, woran wir uns erinnern oder das wir berücksichtigen müssen bezüglich des Vierten Gebots des Sabbathaltens, ist, dass es eine Praxis seit dem Beginn der Schöpfung war. Genesis 2: 2 Und ALOHIYM vollendete am siebten Tag das Werk, das er gemacht hatte; und er ruhte am siebten Tag von all seinem Werk, das er gemacht hatte. 3 Und ALOHIYM segnete den siebten Tag und heiligte ihn, weil er an ihm ruhte von all dem Werk, das er in der Schöpfung gemacht hatte.

Was wir sagen ist, dass der Sabbat seit Genesis 2 gehalten wurde, das heißt, der siebte Tag der Schöpfung des Universums war der Ruhetag. Zusammenfassend wurde er etwa 2.500 Jahre bevor das Gesetz Mose gegeben wurde festgelegt. In Exodus 20 sehen wir das Gebot, den Sabbat als Ruhetag zu halten und bestätigen damit, was die Vorfahren bereits praktizierten.

Jubileen 2: 19 Und Er sagte zu uns: ‹Siehe, ich werde mir ein Volk aus allen Völkern absondern, und diese werden den Sabbattag halten, und ich werde sie mir heiligen als Mein Volk, und ich werde sie segnen; wie ich den Sabbattag geheiligt habe und ihn für mich selbst heilige, so werde ich sie segnen, und sie werden Mein Volk sein und ich werde ihr ALOHIYM sein.

Wir alle verstehen das Sabbatgebot, dennoch gibt es diejenigen, die sagen, dass es bereits erfüllt worden sei und dass dieses Gebot zum mosaischen Gesetz gehöre und dass man es nicht mehr halten müsse. Es ist offensichtlich, dass all diese Behauptungen falsch sind.

Jeremia 17: 21 So hat YAHUAH gesprochen: Hütet euch um eures Lebens willen davor, am Sabbattag Last zu tragen und sie durch die Tore Jerusalems hineinzubringen. 2 Bringt auch keine Last aus euren Häusern am Sabbattag hinaus und verrichtet keinerlei Arbeit, sondern heiligt den Sabbattag, wie ich euren Vätern geboten habe.

Jeremia 17: 27 Aber wenn ihr nicht auf mich hört, um den Sabbattag zu heiligen und keine Last hineinzubringen durch die Tore Jerusalems am Sabbattag, dann werde ich Feuer in seinen Toren entzünden, und es wird die Paläste Jerusalems verzehren und nicht erlöschen.

Hesekiel 20: 12 Und ich gab ihnen auch meine Sabbate, damit sie ein Zeichen seien zwischen mir und ihnen, damit sie erkennen, dass ich YAHUAH bin, der sie heiligt. 13 Aber das Haus Yasharal rebellierte gegen mich in der Wüste; sie wandelten nicht in meinen Satzungen und verwarfen meine Rechtsbestimmungen, durch die der Mensch, wenn er sie tut, leben wird; und meine Sabbate entweihten sie sehr. Deshalb sagte ich, dass ich meinen Zorn über sie in der Wüste ausgießen würde, um sie zu vernichten.

Hesekiel 20: 16 Denn sie verwarfen meine Rechtsbestimmungen und wandelten nicht in meinen Satzungen und entweihten meine Sabbate, weil ihr Herz ihren Götzen nachging.

Hesekiel 22: 26 Seine Priester verletzten mein Gesetz und entweihten meine Heiligtümer; zwischen heilig und profan machten sie keinen Unterschied, noch unterschieden sie zwischen unrein und rein; und von meinen Sabbaten wandten sie ihre Augen ab, und ich bin in ihrer Mitte entweiht worden.

Wie wir in diesen wenigen Versen sehen, war das große Problem (oder das größte Problem) Yasharals, Seinen Ruhetag zu vergessen und deshalb litten sie immer unter den Konsequenzen. Die Kontroverse des Vergessens des Ruhetages ist nichts Neues und kommt von Generation zu Generation. Dies ist eine Praxis, die das Vergessen des Gesetzes von YAHUAH und die Apostasie (sich von YAHUAH entfernen) im Leben derer anzeigt, die sie praktizieren.

Der Zorn von YAHUAH entbrennt gegen diejenigen, die Seinen Ruhetag entweihen. Einige sehen es noch nicht, aber bald werden sie erkennen können, wie sie in einer ewigen Blindheit gewesen sind, die sie nur ins Verderben führt, weil sie Seine Gesetze missachten und Seinen Ruhetag entweihen.

Hesekiel 20:16 ist der Vers, der unsere Generation und die heutige Welt am besten beschreibt, jene, die Seine Verordnungen verworfen und sie durch die Verordnungen der Menschen ersetzt hat. Die Welt wandelt nicht in den Satzungen von YAHUAH, vielmehr wandelt sie in den Satzungen ihrer eigenen Begierden oder in den Satzungen heidnischer Regierungen oder Herrscher, die nichts mit YAHUAH zu tun haben.

Die Entweihung Seines Ruhetages ist so groß, dass sie ihn auf Sonntag geändert haben. Und schließlich folgt das Herz fast der gesamten Menschheit Götzen oder heidnischen Göttern. Welche Traurigkeit.

YAHUSHA und die Zwei Gebote

Viele Menschen sagen, dass YAHUSHA das Gesetz erfüllte und dass von allen zehn Geboten das einzige, das er erfüllte, das vierte Gebot des Sabbathaltens gewesen sei, sodass man laut ihnen den Sabbat nicht mehr halten müsse.

Nichtsdestotrotz, wenn YAHUSHA die Gebote erfüllte, dann ist es erlaubt zu töten? Ist es erlaubt zu stehlen? Ist es erlaubt Ehebruch zu begehen? Ist es erlaubt andere Götter zu haben oder Götzendienst zu betreiben? Ist es erlaubt zu begehren? Ist es erlaubt falsches Zeugnis abzulegen? Ist es erlaubt den Namen von YAHUAH missbräuchlich zu verwenden? Ist es erlaubt, unsere Eltern ehrlos zu behandeln? Laut den Menschen konnte YAHUSHA also nur ein Gebot erfüllen (das Sabbathalten) und hatte keine Macht, die übrigen zu erfüllen… Welch eine große Dummheit… Das ist es, was diejenigen andeuten, die sagen, dass der Sabbat nicht mehr gehalten werden müsse, dass YAHUAH Seinen Sohn gesandt habe, um für die Menschheit zu sterben mit dem Ziel NUR EINES der zehn Gebote abzuschaffen, die Er Seinem Volk gegeben hatte? Oder schlagen Sie etwa vor, dass das Opfer von YAHUSHA nicht ausreichend gewesen sei, um Ihrer Meinung nach alle Gebote abzuschaffen? Es ist offensichtlich, dass diese angebliche

Behauptung vollkommen falsch ist. Kein Teil des Neuen Testaments erklärt, dass YAHUSHA die Gebote abschaffte.

YAHUSHA kam zu keinem Zeitpunkt, um die Gebote Seines Vaters YAHUAH abzuschaffen, im Gegenteil, YAHUSHA kam, um uns zu zeigen, dass Seine Gebote erfüllt werden konnten. Johannes 14: 15 Wenn ihr mich liebt, haltet meine Gebote.

Wir könnten mehrere Bücher mit so vielen Bibelzitaten füllen, die bestätigen, dass das Sabbathalten das Vierte Gebot ist und dass es ebenso wie die anderen neun Gebote immer gültig sein wird. Wenn wir sagen, dass er den Sabbat abschaffte, dann sagen wir damit, dass er alle Gebote abschaffte. Es ist ein WAHNSINN, auch nur daran zu denken.

YAHUSHA, seine Jünger, die Apostel und die frühe Gemeinde hielten den Sabbat. Ich werde nicht über die anderen neun Gebote sprechen, weil anscheinend das einzige Gebot, das alle als abgeschafft darstellen wollen, der Sabbat ist, und glaubt mir, diejenigen, die das behaupten, sind mehr als blind.

Außerdem ist es interessant hervorzuheben, dass der Sabbat mehr als 50 Mal in den vier Evangelien erwähnt wird; das ist sogar mehr, als er in den ersten fünf Büchern des Alten Testaments erwähnt wird.

Die Pharisäer versuchten immer, YAHUSHA in Schwierigkeiten zu bringen, deshalb und dank ihrer kurzsichtigen Denkweise fragen sie nach den Geboten. Dennoch sagt YAHUSHA folgendes. Matthäus 22: 36 Meister, welches ist das große Gebot im Gesetz? 37 YAHUSHA sagte zu ihm: Du sollst YAHUAH deinen ALOHIYM lieben mit deinem ganzen Herzen und mit deiner ganzen Seele und mit deinem ganzen Verstand. 38 Dies ist das erste und große Gebot. 39 Und das zweite ist ihm gleich: Du sollst deinen Nächsten lieben wie dich selbst. 40 Von diesen zwei Geboten hängen das ganze Gesetz und die Propheten ab.

Lasst uns verstehen, was YAHUSHA in diesen Versen sagt, denn zu keinem Zeitpunkt sagte er, dass dies die zwei neuen Gebote seien noch dass die anderen Gebote nicht mehr gültig seien. Dies zu sagen oder zu denken ist unvorstellbar und inakzeptabel für jeden denkenden Verstand.

YAHUAH lieben: Wenn du YAHUAH liebst, wirst du offensichtlich keine anderen Götter in deinem Leben haben, noch wirst du irgendein Bild anbeten oder besitzen, um es zu verehren oder anzubeten, und noch viel weniger dich davor niederwerfen und zu ihm beten, da dies eine Handlung ist, die YAHUAH verabscheut. Ebenso würdest du den Namen von YAHUAH nicht missbrauchen und mit Sicherheit Seinen Ruhetag halten, das heißt den Sabbat. Dies bedeutet, dass in diesem kurzen Satz von YAHUSHA die ersten vier Gebote von Exodus 20 definiert sind.

Deinen Nächsten lieben wie dich selbst: Wenn du deinen Nächsten liebst wie dich selbst, dann wirst du immer deine Eltern ehren, du wirst niemals töten, keinen Ehebruch begehen, nicht stehlen, keine falschen Anschuldigungen erheben und noch viel weniger begehren. Dies bedeutet, dass dieser zweite Satz sich auf die übrigen sechs Gebote bezieht und sie einschließt.

Dies ist der Gedanke von YAHUSHA, nicht das falsche Denken, das die Menschheit hat, dass die anderen Gebote bereits abgeschafft seien. NEIN. Was YAHUSHA dir sagt ist, dass wenn du wirklich diese zwei Gebote erfüllen kannst, du folglich alle Gebote des Gesetzes und der Propheten erfüllen wirst. Johannes 14: 15 Wenn ihr mich liebt, haltet meine Gebote. Und jetzt frage ich, welche sind die Gebote von YAHUSHA?

Es ist offensichtlich dieselben Gebote wie die des Vaters YAHUAH. Anders gesagt, diejenigen, die Seine Gebote nicht halten, lieben Ihn nicht. Dies ist der Grund, warum YAHUSHA in Matthäus 15 sagt: Dieses Volk ehrt mich mit den Lippen; aber ihr Herz ist fern von mir.

Hier bezieht er sich auf diejenigen, die immer noch blind sind und unseren Schöpfer YAHUAH und Retter YAHUSHA nur mit den Lippen ehren.

Lukas 4: 16 Er kam nach Nazareth (YAHUSHA), wo er aufgewachsen war; und am Sabbattag ging er nach seiner Gewohnheit in die Synagoge und stand auf, um zu lesen.

Dort steht klar am Ruhetag, das heißt am Sabbat oder Shabbath ging er gemäß seiner Gewohnheit in die Synagoge. Was war die Gewohnheit von YAHUSHA? Den Sabbat zu halten. Ich glaube, der Vers erklärt es klar.

Markus 6: YAHUSHA ging von dort weg und kam in seine Heimat, und seine Jünger folgten ihm. 2 Und als der Sabbattag gekommen war, begann er in der Synagoge zu lehren; und viele, die ihn hörten, staunten und sagten: Woher hat dieser solche Dinge? Und was ist das für eine Weisheit, die ihm gegeben wurde, und solche Wunder, die durch seine Hände geschehen?

Lukas 13: 10 YAHUSHA lehrte in einer Synagoge am Sabbattag.

Lukas 4: 31 YAHUSHA ging hinab nach Kapernaum, Stadt Galiläas; und er lehrte sie an den Sabbattagen.

YAHUSHA, als Retter der Menschheit oder dessen, was verloren war, verstand den Zweck des Sabbats und wusste, dass es eine angemessene Zeit war, seine Botschaft von Heilung, Hoffnung und Erlösung für die Menschheit zu bringen und diese Botschaft ebenso durch seine Handlungen zu verkünden.

Lukas 6: 1 Es geschah an einem Sabbattag, dass YAHUSHA durch die Kornfelder ging, und seine Jünger rissen Ähren ab und aßen sie, indem sie sie mit den Händen zerrieben.

Einige missverstehen viele Verse, sogar diesen, um zu sagen, dass YAHUSHA den Sabbat brach oder abschaffte; dennoch liegen sie falsch. Die Jünger hatten Hunger und rissen Ähren ab und aßen sie, aber das bedeutet nicht, dass die Jünger ernteten oder die Arbeit des Erntens verrichteten. Wenn wir Deuteronomium 23: 25 sehen Wenn du in das Kornfeld deines Nächsten kommst, darfst du Ähren mit deiner Hand abreißen; aber du sollst keine Sichel an das Kornfeld deines Nächsten legen. Dies ist genau das, was die Jünger taten. Zu keinem Zeitpunkt brachen sie den Sabbat, wie die Pharisäer und die Blinden dieser Zeit beweisen wollen.

Tatsächlich stellte YAHUSHA uns den ursprünglichen Zweck des Sabbats vor, indem er wie zum Anfang zurückkehrte: YAHUAH erschuf den Sabbat als eine Zeit des Segens und der wahren Ruhe von den täglichen Arbeiten und nicht als einen Moment der Bitterkeit oder schweren Last. Matthäus 11: 30 denn mein Joch ist sanft und meine Last ist leicht. Der Sabbat ist eine Zeit, die genossen werden soll, nicht um sie mit Bitterkeit und Schwere zu verbringen. Es ist ein Tag, um ihn so zu verbringen, wie Sie es am meisten wünschen und wie es Ihnen am besten tut, fern von den routinemäßigen Arbeiten. Außerdem war der Sabbat nicht nur ein Ruhetag für die Nation Yasharal, sondern für die gesamte Menschheit. 95% der Wunder und Heilungen von YAHUSHA wurden an einem Sabbat durchgeführt, nicht um ihn zu brechen, sondern im Gegenteil, um uns die beste Weise zu zeigen, den Sabbat zu halten.

Ich glaube nicht, dass es notwendig ist, eine Menge Bibelverse einzufügen, um das Offensichtliche zu beweisen; die Jünger wandelten mit ihrem Meister YAHUSHA, folglich hielten sie den Sabbat.

Andererseits taten die Apostel dasselbe, auch sie hielten den Sabbat. Apostelgeschichte 16: 13 Und an einem Sabbattag gingen wir außerhalb des Tores hinaus an den Fluss, wo gewöhnlich das Gebet stattfand; und wir setzten uns und sprachen zu den Frauen, die sich versammelt hatten. Timotheus, Paulus und Silas. Dies wird klargestellt, falls jemand sagen möchte, dass sie nicht die Apostel waren.

Apostelgeschichte 17: 2 Und Paulus ging nach seiner Gewohnheit zu ihnen hinein und redete an drei Sabbaten mit ihnen…

Apostelgeschichte 18: 4 Und er (Paulus) redete jeden Sabbat in der Synagoge und überzeugte Juden und Griechen.

Matthäus 5: 17 Denkt nicht, dass ich gekommen bin, um das Gesetz oder die Propheten aufzulösen; ich bin nicht gekommen, um aufzulösen, sondern um zu erfüllen. 18 Denn wahrlich, ich sage euch: Bis Himmel und Erde vergehen, wird nicht ein Jota oder ein Strichlein vom Gesetz vergehen, bis alles geschehen ist. 19 Wer nun eines dieser kleinsten Gebote auflöst und die Menschen so lehrt, der wird der Kleinste genannt werden im Himmelreich; wer sie aber tut und lehrt, der wird groß genannt werden im Himmelreich. Amen!

Dies sind eigene und wörtliche Worte von YAHUSHA, das heißt, es ist klar gesagt, dass er nicht gekommen ist, um den Sabbat als Ruhetag abzuschaffen, was dasselbe bedeutet wie aufzulösen, sondern vielmehr, um ihn zu erfüllen. Und noch mehr, er sagt, dass alles, was im Gesetz geschrieben steht, buchstabengetreu erfüllt werden wird und derjenige, der diese Gebote tut oder hält, groß genannt werden wird im Himmelreich.

Es ist klar, dass die Welt das Wort von YAHUAH nicht hört, weil sie sagt, dass YAHUSHA sie abschaffte, aber sie hört auch die Worte von YAHUSHA nicht, da er uns befiehlt zu erfüllen, was sie sagen, dass man nicht mehr halten müsse. Wem sollen wir glauben? Den Menschen, die fehlbar sind, oder YAHUAH, der ewig und unfehlbar ist?

Wann begannen die Menschen, den Sabbat zu vergessen? Wie wir zuvor gesagt haben, war das Volk Yasharal immer wie wir alle. Mit anderen Worten, wenn es ihnen gut ging, sie gesegnet und wohlhabend waren, entfernten sie sich von YAHUAH, vergaßen Seine Satzungen und entweihten Seinen Ruhetag (Sabbat). Infolgedessen wurden sie in die Hände ihrer Feinde oder benachbarter Nationen gegeben, um erobert zu werden und die Konsequenzen dafür zu erleiden, dass sie die Gesetze, Satzungen und den Sabbat von YAHUAH vergessen hatten.

Danach riefen sie aus der Grube der Verzweiflung und YAHUAH sandte einen Befreier, erneuerte Seinen Bund mit ihnen, das Volk erinnerte sich an die Gesetze und Satzungen von YAHUAH und so traten sie in den Zyklus der Segnungen ein. Dies ist im Grunde dieselbe Geschichte der gesamten Menschheit; und sie schließt uns ein, da wir keine Ausnahme sind.

Manchmal kritisieren wir das Volk Yasharal, aber wir sehen nicht, dass wir genauso handeln wie sie. YAHUSHA kam und befreite uns, damit wir in Harmonie und Gemeinschaft mit YAHUAH leben sollten, aber wir bleiben dieselben. Dann kam dank unserer Ungehorsamkeiten und des Vergessens der Gesetze und Satzungen von YAHUAH die größte Täuschung aller Zeiten.

Ich werde euch also kurz erzählen, was geschah. Kaiser Konstantin erschien mit seinem Traum, die Kirche mit dem Staat zu vereinen, und so tat er es. Zwei der Hauptziele und Hauptpunkte des neuen Reiches des Römischen Reiches waren sicherzustellen, dass niemand irgendeinen anderen Gott anbetete außer den Gott, der von Konstantin und seiner Kirche geschaffen wurde.

Infolgedessen wurden diejenigen, die den Sabbat hielten und die Feste von YAHUAH hielten, als Ketzer betrachtet, verfolgt, hingerichtet, verbrannt, eingesperrt und all das, was ihr bereits wisst. Dies war der Ursprung unseres Jahrhunderts, das Vierte Gebot zu vergessen, in einer Weise, dass Konstantin und sein Reich beschlossen, dass der Tag, den man halten und weihen sollte, nicht mehr der Sabbat, sondern der Sonntag sei. Dies war zu Ehren des heidnischen Gottes Mithra oder des Sonnengottes.

KAPITEL III

Die Feste von YAHUAH (Biblische Feste)

Der Bibel zufolge gibt es verschiedene Feste, die zu Ehren und zum Gedenken an eine besondere Zeit oder Handlung von und für YAHUAH gefeiert werden. Viele Menschen neigen dazu zu glauben, dass die biblischen Feste abgeschafft wurden oder dass es heutzutage nicht mehr notwendig ist, sie zu halten und zu feiern.

Jeder ist frei zu glauben, wie er möchte, dennoch werden wir die Informationen über die 7 Biblischen Feste und das Gebot von YAHUAH teilen, dass wir sie feiern sollen. Wenn man die Gebote von YAHUAH sieht, wird jeder entscheiden können, ob er sie in sein Leben integrieren möchte oder nicht. Ich meinerseits habe die folgende Überlegung, die ich mit jeder Person teilen möchte, die diesen kurzen Leitfaden liest.

Es gibt viele heidnische Feste und Feiertage zu Ehren heidnischer Gottheiten und sogar von Menschen. Alle entscheiden sich, all diese Feste oder Feiertage ohne irgendeinen Einwand, Nachteil oder Einschränkung zu feiern. Dennoch frage ich mich, was ist nützlicher, die heidnischen Feste zu feiern oder die Feste von YAHUAH zu feiern?

Angenommen, diejenigen haben recht, die sagen, dass die Feste von YAHUAH oder die Biblischen Feste abgeschafft wurden oder bereits vergangen sind. Warum feiern sie dann nur die heidnischen Feste? Ist es nützlicher, heidnische Götter zu ehren als YAHUAH? Denken Sie jeder für sich selbst nach und gelangen Sie zu Ihrer eigenen Schlussfolgerung. Ich meinerseits werde die Feste von YAHUAH feiern und halten.

Dies sind die wichtigsten biblischen Feste mit ihren biblischen Versen, damit Sie prüfen und selbst sehen können.

Einige werden sich vielleicht fragen, warum müssen wir uns die Zeit nehmen, über die Feste von YAHUAH zu sprechen?

Weil wir in den sieben Festen von YAHUAH den Plan der Erlösung und Errettung für die gesamte Menschheit finden können. Die Feste zu verstehen wird uns helfen, ein besseres Verständnis Seines Meisterplans für uns zu haben. Ebenso haben die Biblischen Feste immer einen historischen Aspekt und einen eschatologischen oder futuristischen Aspekt; außerdem erstrecken sie sich bis zum letzten Moment auf dieser Erde auf die gesamte Menschheit.

Interessant ist der im Hebräischen verwendete Begriff für das Wort Fest, in Levitikus 23:2… Die Feste von YAHUAH, die ihr als heilige Versammlungen ausrufen sollt, sollen diese sein.

Môʽêd (מוֹעֵד) ist der verwendete Begriff und kann laut der Strong Bibelkonkordanz H3259 bedeuten: Eine Verabredung, speziell ein Fest, eine zu einem bestimmten Zweck einberufene Versammlung; Versammlungsort; auch ein Zeichen gemäß vorheriger Bestimmung: Fest, bestimmte Zeit.

Die Feste sind eine Verabredung mit YAHUAH unserem Schöpfer und haben den Zweck, dass wir Ihn besser kennenlernen und uns in Seiner Gegenwart freuen können. Es ist eine Erinnerung, damit wir eine Vorstellung vom Erlösungsplan haben, den YAHUAH im Voraus vorbereitet hat und zu einer bereits festgelegten zukünftigen Zeit.

In Vers 2 von Levitikus 23 sagt Er uns etwas Eindrucksvolles, Die Feste von YAHUAH. Ich weiß nicht, ob wir vollständig verstanden haben, die Feste von wem sind sie? Diese Feste sind von YAHUAH, nicht von uns noch vom Menschen.

Der hebräische Begriff „Môʽêd“ wird zum ersten Mal in Genesis 1: 14 verwendet und sie sollen als Zeichen dienen für die Zeiten, für Tage und Jahre. Und es ist dasselbe Wort, das verwendet wird, um sich auf

Zeiten zu beziehen. Daher sind die Feste Zeiten oder Jahreszeiten der Freude und haben immer:

Einen historischen Charakter: Da sie uns eine Zeit oder Aktivität in der Vergangenheit zeigen, die sie hervorgebracht hat.

Einen prophetischen Charakter, das heißt, sie weisen auf die Zukunft hin: Da sie auf den Messias und das Ende der Zeiten hinweisen.

Alle sprechen über den Messias (YAHUSHA): Da wir in ihnen das Kommen des Messias finden, als er auf der Erde war und wie er die ersten Feste in seinem Leben erfüllte.

Alle haben einen landwirtschaftlichen Kontext: Da das von YAHUAH erwählte Volk ein landwirtschaftliches Volk war, drehen sich alle Feste um einen landwirtschaftlichen Kontext für ein besseres Verständnis.

Die sieben Feste repräsentieren die sieben Tage der Schöpfung: Da in sieben Tagen alles erschaffen wurde, gibt uns YAHUAH sieben Feste im Jahr, als Erinnerung an Seine Schöpfung und als zukünftigen Plan der Erfüllung.

Sie repräsentieren den Erlösungsplan von YAHUAH: Da sie uns den Erlösungsplan von Genesis bis Offenbarung zeigen und zur Erfüllung der Endzeiten führen.

Die Feste stehen in der Bibel: Da gemäß 2 Timotheus 3:16 Alle Schrift von ALOHIYM eingegeben ist… und wenn ALLE Schrift von YAHUAH eingegeben ist, dann stehen die Feste in der Bibel. Folglich sind sie Teil der Inspiration von YAHUAH.

Erinnern wir uns daran, was der Apostel Paulus in Galater 3: 24 sagt So ist das Gesetz unser Lehrmeister geworden bis zum Messias, damit wir aus Glauben gerechtfertigt würden. Das im Griechischen verwendete Wort für Lehrmeister ist paidagōgos (παιδαγωγός), das heißt „Pädagoge oder ein Tutor, Lehrer, Schulmeister." Was Paulus uns zu sagen versucht ist, dass das Gesetz unser Lehrer ist, der uns bis zum Messias führt und dass die Feste Teil des Gesetzes sind, daher führen sie uns und sprechen direkt von unserem erlösenden Messias YAHUSHA.

Glauben wir an das Gesetz oder die Torá? Oder glauben wir an die Lehren oder Traditionen der Menschen? Glauben wir, dass die Schriften von YAHUAH inspiriert sind, oder nicht? Dies sind Fragen, die wir uns stellen und über die Antwort nachdenken sollten, die wir wirklich in unseren Herzen tragen. Denn wenn wir wirklich glauben, dass die ganze Schrift von YAHUAH ALOHIYM inspiriert ist, dann müssen wir an Seine Feste glauben, weil gemäß den eigenen Worten von YAHUAH diese Feste „von YAHUAH“ sind. Oder glauben wir etwa nicht an die ersten fünf Bücher der Bibel? Denken wir über diese Frage nach und seien wir ehrlich mit uns selbst.

Die Feste sind sehr wichtig für YAHUAH und sprechen direkt von Seinem geliebten Sohn YAHUSHA, da YAHUSHA:

Im Passah oder Pesach starb.

Und im Fest der Ungesäuerten Brote begraben wurde und die Erstlingsfrucht der Auferstehung war.

Seinen Ruach (Geist) zu Pfingsten oder dem Fest der Wochen sandte.

Wenn YAHUSHA als einziger Sohn von YAHUAH kam, um den Willen seines Vaters zu erfüllen und sich die Zeit nahm, diese Feste in den wichtigsten Momenten seines irdischen Lebens Wirklichkeit werden zu lassen, dann müssen wir verstehen, dass uns dies zeigt, dass das Ziel von YAHUSHA ist, jedes einzelne dieser Feste in seinem Leben zu erfüllen. Wir sind dazu berufen, das Leben von YAHUSHA nachzuahmen, nicht das Leben der Menschen.

Bei jedem der Feste werden wir den Erlösungsplan von YAHUAH sehen. Dies wird uns eine bessere Perspektive über die Bedeutung der Feste in unserem Leben und für die Menschheit geben.

Pesach (Passah) und Ungesäuerte Brote

Exodus 12

Ich empfehle Ihnen, Kapitel 12 von Exodus und Levitikus 23 zu lesen, um eine bessere Vorstellung zu haben.

Levitikus 23: 4-8:

Dies sind die Feste von YAHUAH, die heiligen Versammlungen, die ihr zu ihren Zeiten ausrufen sollt: 5 Im ersten Monat (Abib), am vierzehnten Tag des Monats (14 Abib), zwischen den zwei Abenden, ist Passah für YAHUAH. 6 Und am fünfzehnten Tag dieses Monats (am nächsten Tag 15) ist das Fest der Ungesäuerten Brote (zweites Fest) für YAHUAH; sieben Tage sollt ihr ungesäuertes Brot essen (zweites Fest). Am ersten Tag sollt ihr eine heilige Versammlung haben; keinerlei Knechtsarbeit sollt ihr tun (es wird nicht gearbeitet). 8 Und ihr sollt YAHUAH sieben Tage lang ein Feueropfer darbringen; am siebten Tag soll eine heilige Versammlung sein; keinerlei Knechtsarbeit sollt ihr tun (es wird nicht gearbeitet).

Das erste Fest umfasst zwei Feste zusammen. In der ersten Nacht (14 Abib) wird das Passah gefeiert (ungesäuerte Brote, bittere Kräuter); aber diese erste Nacht ist auch die erste Nacht des Festes der Ungesäuerten Brote. Es ist also ein Fest von 7 Tagen.

Sie brauchten:

Das Blut des Lammes: Dieses sprengten sie an den Türpfosten jedes Hauses, damit der Engel des Todes, wenn er vorbeiging und es sah, weiterging und niemanden vom Volk Yasharal verletzte.

Die bitteren Kräuter: Dies waren gemüseartige Pflanzen, wie Salat, die die Leiden oder Bitternis während der 430 Jahre der Sklaverei symbolisierten.

Das Ungesäuerte Brot: Es bedeutete, dass sie bereit waren und es eilig hatten, dass sie aus Ägypten fliehen mussten, was bedeutet, dass sie keine Zeit hatten, zu fermentieren.

Das Fleisch des Lammes: Erinnern Sie sich daran, dass sie das Fleisch des Lammes noch in derselben Nacht essen mussten (nur in der ersten Nacht). Nichts durfte bis zum nächsten Tag übrig bleiben.

Exodus 12: 8 Und in jener Nacht sollen sie das Fleisch am Feuer gebraten essen und ungesäuerte Brote; mit bitteren Kräutern sollen sie es essen.

Exodus 12: 14 Und dieser Tag soll euch zum Gedächtnis sein, und ihr sollt ihn als Fest für YAHUAH feiern durch eure Generationen hindurch; als ewige Ordnung sollt ihr ihn feiern.

Exodus 12: 19 Sieben Tage soll kein Sauerteig in euren Häusern gefunden werden; denn jeder, der Gesäuertes isst, sowohl Fremder als auch Einheimischer des Landes, soll aus der Gemeinde Yasharals ausgerottet werden.

In Vers 14 sagt Er uns: durch eure Generationen hindurch; als ewige Ordnung.

Dies ist die Definition des Begriffs ewig, Das, was für immer dauert und bleibt. Ich glaube, wir alle verstehen dann den in der Bibel verwendeten Begriff, mit anderen Worten bedeutet er „für immer, ewig". Folglich verstehe ich nicht, wie einige sagen, dass diese Feste abgeschafft wurden, wenn die Bibel oder YAHUAH selbst sagt, dass wir sie für immer feiern sollen.

In Vers 19 sagt Er uns, dass wir während dieser Tage nichts Gesäuertes in unseren Häusern haben sollen. Sehen wir uns also die Anwendung des Passahmahls und der Ungesäuerten Brote heute an. Wie YAHUAH sagt, ist es eine Erinnerung an Seine Wunder mit Seinem Volk.

Das Passah bedeutet auch das „Letzte Abendmahl oder Heilige Abendmahl", das YAHUSHA mit seinen Jüngern feierte.

Da YAHUSHA sein Blut für die Vergebung unserer Sünden ein für alle Mal vergoss und somit zum vollkommenen Opfer wurde, brauchen wir weder das Blut des Lammes noch das Opfer des Lammes mehr.

Matthäus 26: 26 Während sie aber aßen, nahm YAHUSHA das Brot, segnete es, brach es und gab es seinen Jüngern und sprach: Nehmt, esst; dies ist mein Leib. 27 Und er nahm den Kelch, dankte und gab ihnen den und sprach: Trinkt alle daraus; 28 denn dies ist mein Blut des neuen Bundes, das für viele vergossen wird zur Vergebung der Sünden. 29 Ich sage euch aber, dass ich von nun an nicht mehr von dieser Frucht des Weinstocks trinken werde bis zu jenem Tag, da ich sie neu mit euch trinken werde im Reich meines Vaters (YAHUAH).

Das bedeutet:

Das Opfer oder Fleisch des Lammes ist nicht mehr notwendig, weil YAHUSHA das vollkommene Opfer war.

Das Blut des Lammes ist nicht mehr notwendig, weil YAHUSHA es ein für alle Mal und zur Vergebung unserer Sünden vergoss. Jetzt benutzen wir anstelle des Blutes den Wein, wie YAHUSHA es tat, und repräsentieren so das für jeden von uns vergossene Blut. Denken Sie daran, dass wir unfermentierten Wein verwenden, weil während dieser Feste nichts, das Sauerteig enthält, in unseren Häusern bleiben oder benutzt werden darf; wie jeder weiß, enthält fermentierter Wein Sauerteig.

Es gibt jedoch einen noch gefährlicheren Sauerteig, und das ist der innere Sauerteig. Dies bezieht sich darauf, dass jede Bitterkeit, Feindschaft, jeder Groll, Streit oder Zwietracht während dieser Feierlichkeiten aus unserem Leben entfernt werden muss.

Das ungesäuerte Brot repräsentiert den Leib von YAHUSHA, der für uns hingegeben wurde.

Was die bitteren Kräuter betrifft, werden sie immer die Bitterkeit, Schmerzen, Schwierigkeiten und harten Arbeiten repräsentieren, die wir in unserem Leben durchgemacht haben. In diesen Momenten übergeben wir sie YAHUSHA.

Dann feiern wir in dieser Zeit das Passah und die Ungesäuerten Brote:

Mit bitteren Kräutern (Gemüse), ungesäuerten Broten und unfermentiertem Wein.

Denken Sie daran, dass dies eine Feier, eine Erinnerung oder ein Fest von YAHUAH ist. Das bedeutet, dass wir, nachdem wir die Rituale des Brotessens durchgeführt haben (Leib von YAHUSHA oder das Zeichen dafür, dass wir bereit für Sein Kommen sind, genauso wie das Volk Yasharal bereit war, das heißt bereit, aus der Sklaverei Ägyptens herauszugehen) und die bitteren Kräuter gegessen haben (zur Erinnerung an die Leiden, die das Volk Yasharal während der 430 Jahre der Sklaverei in Ägypten erlitt und an die Leiden, die YAHUSHA erlitt.

Außerdem an die Leiden, die wir in unserem Leben durchgemacht haben, während wir darauf warten, davon befreit zu werden) und den Wein zu trinken (zur Erinnerung daran, wie das Blut des Lammes alle Erstgeborenen Yasharals rettete und kein einziger starb, und daran, wie das Blut von YAHUSHA uns von der Sklaverei der Sünde befreite und uns dadurch ewiges Leben in ihm selbst gab), die wahre Bedeutung dieses Festes in unser Leben aufnehmen und es dann von diesem Moment an möglich ist, mit einem Galadinner oder jeder Art von Feier oder Veranstaltung fortzufahren, die Sie für angemessen halten.

Vergessen wir nicht, dass in jener Nacht das Volk Yasharal durch das Zeichen des Blutes des Lammes an den Türpfosten befreit wurde, aber alle ägyptischen Erstgeborenen starben. Ebenso wie das Blut von

YAHUSHA zur Vergebung unserer Sünden vergossen wurde, können wir unser Fest mit einem Galadinner feiern (so mache ich es) und mit allen Anwesenden biblische Geschichten und Anekdoten teilen, wobei wir uns immer an die Größe unseres Schöpfers YAHUAH und unseres Erlösers YAHUSHA erinnern. Dies ist ein Fest der Freude, das während 7 Tagen gefeiert wird. Im Jahr 2022 war das Fest des Passahs und der Ungesäuerten Brote vom 4. bis zum 10. April (im Kalender, den die ganze Welt benutzt, das heißt dem gregorianischen).

Einige fragen sich vielleicht, wie sie diese Feste von YAHUAH oder Biblischen Feste feiern sollen. Wir müssen sie mit Jubel und Freude feiern, da wir uns an die Größe unseres YAHUAH ALOHIYM erinnern. In meinem Fall bereitete ich während der 7 Tage jeden Tag der Feier ein Festmahl vor. Ich organisierte das Hauptfestmahl am ersten und letzten Tag des Festes zum Genuss und zur Freude der ganzen Familie und der versammelten Gäste.

Plan der Erlösung: Am ersten Tag wird die Rettung aller Erstgeborenen Yasharals gefeiert; es ist ein Spiegelbild des zukünftigen Kommens des Passahlammes YAHUSHA, das für uns hingegeben wurde (er starb an diesem Fest). Ebenso führt es uns dazu, uns danach zu sehnen, dieses Fest noch einmal mit unserem Erlöser YAHUSHA zu feiern.

Historische Anwendung: Befreiung Yasharals aus der Sklaverei in Ägypten.

Zukünftige Anwendung: Tod von YAHUSHA am Pfahl.

Geistliche Anwendung: Glaube und Reue im Blut von YAHUSHA.

Plan der Erlösung in den Ungesäuerten Broten: Er beginnt in derselben Nacht des Passahfestes, da in der folgenden Morgendämmerung das Volk Yasharal vom Joch der Sklaverei befreit wurde. Dieses Fest führt uns zu YAHUSHA und erinnert uns an das

Leiden, als er das ganze Gewicht der Menschheit auf seinen Schultern trug, um sein Leben für uns zu geben (er auferstand in diesem Fest). Wir erinnern uns an die Zeit der Sklaverei und Schwierigkeiten mit der Erwartung, dass unser Schöpfer YAHUAH und unser Erlöser YAHUSHA uns bald von jedem ewigen Joch befreien werden, wenn wir im Neuen Jerusalem wohnen.

Historische Anwendung: Auszug des Volkes Yasharal aus Ägypten oder Befreiung aus der Sklaverei und die Durchquerung des Roten Meeres.

Zukünftige Anwendung: Begräbnis und Auferstehung von YAHUSHA (Erstlingsfrucht unter den Toten).

Geistliche Anwendung: Reinigung und Trennung von schlechten Dingen in unserem Leben und Beginn eines neuen Lebens in YAHUSHA, dem Messias.

Fest von Shabua (Pfingsten)

Levitikus 23:9-16, Exodus 34:22, Exodus 23:16, Numeri 28:26

Dies ist eines der größten Feste in der Bibel und ist unter verschiedenen Namen bekannt: Fest der Wochen, Fest der Ernten und Fest der Erstlingsfrüchte.

Das hebräische Wort Shabua bedeutet Wochen, deshalb ist es das Fest der Wochen. Es ist eine Erwartung von Freude und Warten, da ab dem letzten Sabbat des Festes der Ungesäuerten Brote das „Omer"-Zählen beginnt.

Levitikus 23: 15 Und ihr sollt zählen vom Tag nach dem Sabbat, von dem Tag an, da ihr die Garbe des Webopfers gebracht habt; sieben volle Wochen sollen es sein. 16 Bis zum Tag nach dem siebten Sabbat sollt ihr fünfzig Tage zählen; dann sollt ihr YAHUAH das neue Korn darbringen.

Wir müssen sieben Sabbate zählen ab dem letzten Sabbat des Festes der Ungesäuerten Brote, das heißt 7 Wochen (7 x 7=49) und am nächsten Tag (Tag 50) ist das große Fest. Deshalb wird es auch Pfingsten genannt; das Wort stammt aus dem Lateinischen Pentecoste und dieses wiederum aus dem Griechischen πεντηκοστή, (pentecosté), was „fünfzigster oder 50" bedeutet. Dies ist der Grund, warum dieses Fest immer auf einen Sonntag fällt, weil wir die 7 Sabbate zählen und am nächsten Tag das Fest ist.

Levitikus 23: 21 Und ihr sollt an diesem selben Tag eine heilige Versammlung ausrufen; keinerlei Knechtsarbeit sollt ihr tun (es wird nicht gearbeitet); ewige Ordnung (es ist für immer) überall, wo ihr wohnt, durch eure Generationen hindurch.

Dies ist das Fest der Bauern. Das Volk Yasharal begann seine Ernte direkt nach dem Fest der Ungesäuerten Brote. Sie hatten dann sieben Wochen Zeit, die Erntezeit abzuschließen und sie bereit zu haben, um die Erstlingsfrüchte ihrer Ernten als Opfergabe für YAHUAH darzubringen.

Da die Bauern sich von ihren Wohnorten zum Tempel in Jerusalem bewegen mussten, war es für das Volk Yasharal ein Pilgerfest.

Levitikus 23: 22 Wenn ihr die Ernte eures Landes schneidet, sollst du den Rand deines Feldes nicht vollständig abernten und keine Nachlese deiner Ernte halten; für den Armen und den Fremden sollst du sie lassen. Ich bin YAHUAH euer ALOHIYM.

Deshalb dient dieses Fest auch dazu, den Armen und Hilflosen zu spenden und ihnen zu helfen. Es ist ein Fest, bei dem die Abgaben und Opfergaben an YAHUAH aus unserer Arbeit kommen, deshalb spenden wir einen Teil des Produkts unserer Arbeit an den Armen und den Fremden als Zeichen oder Erinnerung an die Segnungen, die YAHUAH uns gibt.

Apostelgeschichte 2: 2 Als der Tag des Pfingstfestes gekommen war, waren sie alle einmütig beieinander. 2 Und plötzlich kam vom Himmel ein Brausen wie von einem gewaltigen Wind, und erfüllte das ganze Haus, in dem sie saßen; 3 und es erschienen ihnen zerteilte Zungen wie von Feuer, und sie setzten sich auf jeden von ihnen. 4 Und sie wurden alle mit dem RUACH erfüllt und begannen in anderen Sprachen zu reden, wie der RUACH ihnen gab auszusprechen.

Die Jünger feierten das Fest, das ganze Volk Yasharal und die Yasharal waren unter anderen Völkern oder Nationen verstreut, die kamen oder pilgerten, um dieses feierliche Fest zu feiern. In diesem Moment befinden sich die Jünger im Obergemach unter der Anweisung von YAHUSHA, der ihnen gesagt hatte, dass sie auf den RUACH (Geist) von ALOHIYM warten sollten, der ihnen gegeben werden würde.

Dann empfingen sie am Tag des Pfingstfestes den Ruach von ALOHIYM, und da es Yasharal aus allen Nationen gab, in die sie verstreut worden waren, begannen die Jünger in verschiedenen Sprachen (Idiomen) zu sprechen und jeder hörte sie in seiner Muttersprache sprechen.

Für uns heutzutage ist dies das Pfingstfest. Da die meisten von uns keine Bauern sind und keine Früchte mehr anbauen, sondern Büroarbeiten haben, ist unsere beste Opfergabe an YAHUAH ALOHIYM unser Herz, unser Leben, unsere Zeit und unsere Hingabe beim Feiern dieses Festes, das an die Dinge erinnert, die Er jeden Tag in unserem Leben tut und was Er im Laufe des Jahres getan hat. Es ist ein großes Fest mit allen Arten von Früchten der Ernte, mit Wein, Musik, Tanz und Jubel. Normalerweise ist es ein Fest, das den ganzen Tag dauert, weil es ein Fest der Erlösung ist, bei dem Menschen ihr Leben YAHUSHA übergeben können. Im biblischen Kalender für das Jahr 2022 fällt dieses Fest auf den 29. Mai.

Plan der Erlösung: Wir feiern die Segnungen, Ernten und Früchte, die YAHUAH uns gegeben hat. Am Vorabend dieses Festes steigt YAHUSHA in den Himmel auf und beginnt seine Herrschaft als unser Hohepriester. Er zeigte seinen Erfolg in der Mission, die der

Vater ihm gab, und etablierte das Muster für seine Rückkehr auf die Erde. Schließlich verwirklichte Er während dieses Festes das Kommen des Ruach von ALOHIYM.

Historische Anwendung: Segnungen der Ernten und Übergabe der Torá am Berg Sinai.

Zukünftige Anwendung: Manifestation oder Kommen des Ruach von ALOHIYM in den menschlichen Herzen.

Geistliche Anwendung: Wachstum und Erkenntnis im neuen Glauben.

Fest der Trompeten

Levitikus 23:23-25, Numeri. 29:1-6

Dies ist das vierte Fest des Jahres, das YAHUAH uns befiehlt zu feiern zur Erinnerung und zu Ehren der Größe, die YAHUAH in unserem Leben getan hat und tut. Das Fest der Trompeten ist ein Kriegsalarm, ein Klang des Friedens.

Levitikus 23: 24 Rede zu den Kindern Yasharals und sage: Im siebten Monat, am ersten Tag des Monats, sollt ihr einen Ruhetag haben, ein Gedächtnis mit Trompetenschall und eine heilige Versammlung. 25 Keine Knechtsarbeit sollt ihr tun (es wird nicht gearbeitet); und ihr sollt YAHUAH ein Feueropfer darbringen.

Der Klang der Trompeten wird benutzt, um wichtige Botschaften zu übermitteln, das heißt, ein Ruf zur Versammlung, die Mobilisierung des Volkes, Klang von Festen oder Jubel.

Wenn wir nun zum Neuen Testament gehen, sehen wir, dass der Klang der Trompeten das Kommen von YAHUSHA oder seine Rückkehr ankündigt, um sein Volk zu holen.

1 Thessalonicher 4: 16 Denn YAHUSHA selbst wird mit Befehlsruf, mit der Stimme eines Erzengels und mit der Trompete von YAHUAH

vom Himmel herabkommen; und die Toten im Messias werden zuerst auferstehen. 17

Dies ist ein Tag großer Freude, an dem wir uns an die Warnungen der Offenbarung und die zweite Ankunft unseres Erlösers YAHUSHA erinnern.

Matthäus 24: 30 Dann wird das Zeichen des Menschensohnes (YAHUSHA) am Himmel erscheinen; und dann werden alle Stämme der Erde wehklagen, und sie werden den Menschensohn (YAHUSHA) auf den Wolken des Himmels kommen sehen mit Macht und großer Herrlichkeit. 31 Und er wird seine Engel aussenden mit großem Trompetenschall, und sie werden seine Auserwählten sammeln von den vier Winden, von einem Ende des Himmels bis zum anderen.

1 Korinther 15: 52 in einem Augenblick, in einem Augenblick des Augenzwinkerns, bei der letzten Trompete; denn die Trompete wird erschallen, und die Toten werden unvergänglich auferweckt werden, und wir werden verwandelt werden.

Das Fest der Trompeten ist heute und in der Zukunft von größter Bedeutung. Wenn wir es feiern, müssen wir uns an die zukünftigen Ereignisse erinnern, die das Fest der Trompeten hervorruft, da wir die Ankunft von YAHUSHA ankündigen.

Beim Klang der siebten Trompete kehrt der Messias zurück und die Trompete weckt diejenigen auf, die schlafen, damit sie in YAHUSHA auferweckt werden.

Offenbarung 11: 15 Der siebte Engel blies die Trompete, und es erklangen große Stimmen im Himmel, die sprachen: Die Reiche der Welt sind unseres YAHUAH und seines Messias geworden; und er wird herrschen von Ewigkeit zu Ewigkeit.

Die Trompeten rufen uns zum Erwachen auf, sie geben uns einen Ruf zum Krieg oder kündigen die Schlacht an und warnen uns, dass

Gefahr besteht. Ebenso zeigen sie uns Reue und die zweite Ankunft an.

Amos 3: 6 Wird die Trompete in der Stadt geblasen werden und das Volk nicht erschrecken? Wird irgendein Unglück in der Stadt geschehen, das YAHUAH nicht getan hat?

Jesaja 27: 13 Und es wird geschehen an jenem Tag, dass mit großer Trompete geblasen wird, und es werden kommen die, welche im Land Assyrien verstreut waren, und die, welche nach Ägypten vertrieben waren, und sie werden YAHUAH anbeten auf dem heiligen Berg in Jerusalem.

Der Klang der Trompeten wird uns auch dazu dienen, alle Nachfolger von YAHUAH von den vier Enden der Erde zusammenzurufen oder zu versammeln, damit sie kommen und sich in der Anbetung des Schöpfers des Universums vereinen.

Dies ist ein Fest, bei dem wir dazu berufen sind, YAHUAH ein wohlriechendes Opfer darzubringen, sodass unser Herz und unsere Bereitschaft, Sein Fest zu feiern und es in unserem Leben Wirklichkeit werden zu lassen. Eines der besten Opfer ist, das wir an diesem Tag der Freude geben können. Zusätzlich zum Blasen der Trompeten oder dem Klang der Trompeten an diesem Tag können wir während eines Familienessens oder mit unseren Gästen die Schriften und die Informationen über das Kommen von YAHUSHA teilen. Dieses Fest fällt auf den 17. September 2022.

Plan der Erlösung: Dieses Fest kündigt uns an, dass das Reich von YAHUAH nahe ist und erinnert uns an die zweite Ankunft von YAHUSHA für sein Volk. Ebenso warnt es uns vor der Gefahr, seine Ankunft als Verzögerung anzusehen oder seine Rückkehr zu vergessen; es zeigt uns das Ende der letzten Ernte am Ende der Zeiten, wenn seine Auserwählten aus allen Ecken der Erde gesammelt werden, und schließlich erinnert es uns an die kommenden Gerichte und die Trompeten der Offenbarung.

Historische Anwendung: Klang und Erinnerung daran, bereit für den Krieg zu sein.

Zukünftige Anwendung: Ankündigung der zweiten Ankunft von YAHUSHA und der kommenden Auferstehung der Toten.

Geistliche Anwendung: Den Ruf zur Reue in unserem Leben hören und daran denken, dass das Ende nahe ist.

Fest oder Tag der Versöhnung (Yom Kippur)

Levitikus 23:27

Levitikus 23: 27 Am zehnten Tag dieses siebten Monats soll der Versöhnungstag sein; ihr sollt eine heilige Versammlung haben und eure Seelen demütigen und YAHUAH ein Feueropfer darbringen. 28 Keine Arbeit sollt ihr an diesem Tag tun (es wird nicht gearbeitet); denn es ist ein Versöhnungstag, um euch vor YAHUAH eurem ALOHIYM zu versöhnen. 32 Ein Ruhetag soll er euch sein, und ihr sollt eure Seelen demütigen, beginnend am neunten Tag des Monats am Abend; von Abend zu Abend sollt ihr eure Ruhe halten.

Dies ist ein Fest des Fastens und der Versöhnung mit YAHUAH und YAHUSHA. Es ist ein Tag des Fastens, des Gebets und des Lesens des Wortes von YAHUAH. Dieses Fest wird von Abend zu Abend gehalten, mit anderen Worten, es beginnt bei Einbruch des Abends des ersten Tages und endet bei Einbruch des Abends des folgenden Tages. An diesem Tag gibt es kein Essen, weil es ein Tag der Demütigung unserer Seelen und der Annäherung an unseren Schöpfer YAHUAH und Erlöser YAHUSHA ist. Dieses Fest ist die größte Erinnerung daran, dass YAHUSHA das Opfer oder die Opfergabe für unsere Sünden ein für alle Mal bezahlt hat.

Es ist ein Tag des Bundes und der Versöhnung; indem wir unsere Gelübde mit YAHUAH erneuern, erneuern wir unseren Vertrag der Annahme und des Befolgens Seines Wortes in unserem Leben. Dieses

Fest oder dieser Tag der Demütigung unserer Seelen fällt auf den 26. September 2022.

Plan der Erlösung: Nachdem Er uns wachsam hält und uns die Kriegstrompeten gibt und uns an Sein Kommen erinnert, bereitet Er uns auf den Tag der Demütigung unserer Seelen vor. Es ist der Tag der Erneuerung unseres Bundes mit YAHUAH, des Fastens, des Gebets und des Lesens des Wortes. Hier bereuen wir unsere Sünden und suchen Seine Vergebung und Versöhnung und kehren zum Gehorsam gegenüber Seinen Gesetzen zurück.

Historische Anwendung: Der Hohepriester betritt das Allerheiligste zur Vergebung der Sünde des Volkes.

Zukünftige Anwendung: Kommen unseres Hohenpriesters und Erlösers YAHUSHA für Sein Volk. Tag des Endgerichts.

Geistliche Anwendung: Übergabe unseres Lebens im Glauben, um das ewige Leben in YAHUSHA unserem Erlöser zu erhalten.

Fest der Tabernakel oder Sukkah

Levitikus 23:34-36

Dies ist eines der drei größten Feste in der Bibel; es dauert 7 Tage oder eine Woche und es werden zwei statt eines gefeiert. Dies sind die letzten zwei biblischen Feste des Jahres.

Levitikus 23: 34 Rede zu den Kindern Yasharals und sage: Am fünfzehnten Tag dieses siebten Monats soll das Fest der Tabernakel für YAHUAH sieben Tage lang sein. 35 Am ersten Tag soll eine heilige Versammlung sein; keinerlei Knechtsarbeit sollt ihr tun. 36 Sieben Tage sollt ihr YAHUAH ein Feueropfer darbringen; am achten Tag sollt ihr eine heilige Versammlung haben und YAHUAH ein Feueropfer darbringen; es ist ein Fest, keinerlei Knechtsarbeit sollt ihr tun.

Das Fest der Tabernakel ist eines der aufregendsten Feste der Bibel, da wir erleben können, wie es ist, in Tabernakeln, „Zelten oder Laubhütten“, sieben Tage lang zu wohnen oder zu leben.

Levitikus 23: 40 Und ihr sollt am ersten Tag Früchte schöner Bäume nehmen, Palmzweige, Zweige dichter Bäume und Bachweiden, und ihr sollt euch sieben Tage lang vor YAHUAH eurem ALOHIYM freuen. 41 Und ihr sollt YAHUAH sieben Tage jedes Jahr ein Fest feiern; es soll eine ewige Ordnung sein durch eure Generationen hindurch; im siebten Monat sollt ihr es feiern. 42 In Tabernakeln sollt ihr sieben Tage wohnen; jeder Einheimische in Yasharal soll in Tabernakeln wohnen, 43 damit eure Nachkommen wissen, dass ich die Kinder Yasharals in Tabernakeln wohnen ließ, als ich sie aus dem Land Ägypten herausführte. Ich bin YAHUAH euer ALOHIYM.

Die Idee dieses Festes ist es, Zelte oder Laubhütten zu bauen oder aufzurichten und sieben Tage lang darin zu wohnen; wir können sie in unserem Hof bauen, in die Berge gehen, aufs Land gehen oder dorthin, wo wir uns am besten fühlen. Der Zweck ist, dass wir die Zelte, Hütten oder Lager als Erinnerung für unsere Kinder und alle kommenden Generationen an die Wunder benutzen, die YAHUAH für uns alle getan hat.

Das Fest der Tabernakel hat auch eine zukünftige Bedeutung, Sacharja 14: 16 Und alle, die von den Nationen übrig geblieben sind, die gegen Jerusalem gekommen sind, werden Jahr für Jahr hinaufziehen, um den König, YAHUAH der Heerscharen, anzubeten und das Fest der Tabernakel zu feiern. 17 Und es wird geschehen, dass über diejenigen von den Geschlechtern der Erde, die nicht nach Jerusalem hinaufziehen werden, um den König, YAHUAH der Heerscharen, anzubeten, kein Regen kommen wird. 18 Und wenn das Geschlecht Ägyptens nicht hinaufzieht und nicht kommt, wird über sie kein Regen kommen; die Plage wird kommen, mit der YAHUAH die Nationen schlagen wird, die nicht hinaufziehen, um das Fest der

Tabernakel zu feiern. 19 Dies wird die Strafe für die Sünde Ägyptens und für die Sünde aller Nationen sein, die nicht hinaufziehen, um das Fest der Tabernakel zu feiern.

Hosea 12: 9 Aber ich bin YAHUAH dein ALOHIYM seit dem Land Ägypten; noch werde ich dich in Zelten wohnen lassen wie in den Tagen des Festes.

Offenbarung 21: 3 Und ich hörte eine laute Stimme vom Himmel sagen: Siehe, das Tabernakel von YAHUAH bei den Menschen, und er wird bei ihnen wohnen; und sie werden sein Volk sein, und YAHUAH selbst wird mit ihnen sein als ihr ALOHIYM.

Dies sind prophetische Verse, die uns sagen, dass YAHUAH uns wie bei den Festen in Tabernakeln wohnen lassen und sie feiern wird. Das bedeutet, dass diejenigen, die sie nicht feiern, verheerende Konsequenzen erleiden werden. Und noch wichtiger ist, dass wenn YAHUSHA in Seinem tausendjährigen Reich herrscht, alle Nationen der Erde nach Jerusalem hinaufziehen werden, um das Fest der Tabernakel zu feiern.

Und am Ende aller Zeiten in Offenbarung 21 spricht Johannes zu uns vom neuen Himmel und der neuen Erde, dem neuen Jerusalem. Er sagt uns, dass YAHUAH selbst mit uns in Seinem Tabernakel wohnen wird und damit auf das Fest der Tabernakel Bezug nimmt. Wie ist es möglich, dass viele sagen, dass die Feste bereits vergangen sind? Dann lesen wir wohl nicht dieselbe Bibel. Das Fest der Tabernakel ist das letzte Fest des Jahres und das wichtigste. Es ist ein Fest der Freude und des Jubels, des Sich-Freuens mit unserem Schöpfer YAHUAH und unserem Erlöser YAHUSHA.

Die Idee dieses Festes ist, dass wir uns daran erinnern, dass wir nur Fremdlinge und Pilger auf dieser Erde sind und dass unser wahres Zuhause bei YAHUAH ist. Während dieser sieben Tage verlassen wir den Komfort unseres Hauses und wohnen in Hütten oder Zelten als

Erinnerung daran, wie das Volk Yasharal in der Wüste lebte und wie YAHUAH sich um sie kümmerte, sie beschützte und versorgte.

Dies ist eines der freudigsten Feste von allen, weil wir uns an die Treue von YAHUAH erinnern und daran, dass Er immer mit Seinem Volk gewesen ist. Es ist ein Fest der Einheit, der Freude, des Teilens mit der Familie, des Lesens der Schriften und der Erinnerung an die Größe unseres Schöpfers.

Das Fest der Tabernakel weist uns direkt auf das Tausendjährige Reich von YAHUSHA hin, wenn Er auf dieser Erde herrschen wird und die Nationen hinaufziehen werden, um Ihn anzubeten.

Jesaja 2: 2-3 Und es wird geschehen am Ende der Tage, da wird der Berg des Hauses von YAHUAH fest stehen auf dem Gipfel der Berge und über die Hügel erhaben sein; und alle Nationen werden zu ihm strömen. 3 Und viele Völker werden hingehen und sagen: Kommt, lasst uns hinaufziehen zum Berg von YAHUAH, zum Haus des ALOHIYM Jakobs, damit er uns seine Wege lehre und wir auf seinen Pfaden wandeln. Denn von Zion wird Weisung ausgehen und das Wort von YAHUAH von Jerusalem.

Das ist die Zukunft der Menschheit. Das Reich von YAHUAH auf dieser Erde und alle Nationen, die kommen, um den König anzubeten.

Das Letzte Große Fest

Levitikus 23:36

Am achten Tag nach dem Fest der Tabernakel wird ein weiteres Fest gefeiert, bekannt als das Letzte Große Fest.

Levitikus 23: 36 Sieben Tage sollt ihr YAHUAH ein Feueropfer darbringen. Am achten Tag sollt ihr eine heilige Versammlung haben und YAHUAH ein Feueropfer darbringen; es ist ein Fest, keinerlei Knechtsarbeit sollt ihr tun.

Dieses Fest repräsentiert den neuen Himmel und die neue Erde, wenn alles erneuert worden sein wird und der Tod nicht mehr existieren wird.

Offenbarung 21: 1 Und ich sah einen neuen Himmel und eine neue Erde, denn der erste Himmel und die erste Erde waren vergangen, und das Meer ist nicht mehr.

Offenbarung 21: 3 Und ich hörte eine laute Stimme vom Himmel sagen: Siehe, das Tabernakel von YAHUAH bei den Menschen, und er wird bei ihnen wohnen; und sie werden sein Volk sein, und YAHUAH selbst wird mit ihnen sein als ihr ALOHIYM.

Offenbarung 21: 4 Und YAHUAH wird jede Träne von ihren Augen abwischen; und der Tod wird nicht mehr sein, noch Trauer noch Geschrei noch Schmerz wird mehr sein; denn das Erste ist vergangen.

Dies ist die größte Hoffnung für alle, die YAHUAH lieben und Seine Gebote halten. Die Hoffnung auf ewiges Leben im neuen Jerusalem mit unserem Schöpfer und Erlöser.

Die sieben Feste von YAHUAH zeigen uns den vollständigen Erlösungsplan:

1. Passah – Das Opfer von YAHUSHA.
2. Ungesäuerte Brote – Begräbnis und Reinigung von der Sünde.
3. Erstlingsfrüchte – Die Auferstehung von YAHUSHA.
4. Pfingsten – Das Kommen des RUACH.
5. Trompeten – Die zweite Ankunft von YAHUSHA.
6. Versöhnungstag – Das Gericht und die Versöhnung.
7. Tabernakel – Das Tausendjährige Reich und das ewige Königreich.

Alles weist auf YAHUSHA hin. Deshalb sind die Feste so wichtig. Sie sind keine jüdischen Traditionen oder menschlichen Feste. Sie sind die

Feste von YAHUAH und offenbaren Seinen Erlösungsplan für die Menschheit.

Viele lehnen diese Feste ab, weil sie sie nicht kennen oder weil sie falsch gelehrt wurden. Aber wenn wir die Schriften studieren, können wir sehen, dass diese Feste von Genesis bis Offenbarung präsent sind.

Kolosser 2: 16-17 So richte euch nun niemand wegen Speise oder Trank oder betreffs eines Festes oder Neumondes oder Sabbats, 17 die ein Schatten der zukünftigen Dinge sind. Der Körper aber ist des Messias.

Die Feste sind ein Schatten der zukünftigen Dinge. Das bedeutet, dass sie prophetisch sind und uns zeigen, was YAHUAH tun wird.

Deshalb ist es wichtig, sie zu verstehen und zu feiern, nicht als religiöse Last, sondern als Erinnerung an den wunderbaren Erlösungsplan von YAHUAH.

KAPITEL IV

Das Hebräische Alphabet

Es ist unerlässlich, einige wichtige Punkte über das hebräische Alphabet zu kennen, da uns dies helfen wird, die Erklärungen und Anweisungen zu verstehen, die in diesem Studium zu finden sind. Zunächst erinnern wir uns daran, dass Hebräisch die ursprüngliche Sprache von YAHUAH war, die Sprache der Bibel und des Volkes Yasharal, was uns zeigt, dass Hebräisch uns zum Ursprung von allem führt, was wir kennen und wissen.

Buchstabe	Name
א	Alef (stumm)
ב	Bet
ג	Gimel (guimel)
ד	Dalet
ה	He (he)
ו	Waw (ua)
ז	Zayin
ח	Cheth (heth)
ט	Thet
י	Yod (yad)
ך כ	Kaf
ל	Lamed
ם מ	Mem
ן נ	Nun

ס	Samech
ע	Ayin
ף פ	Pe
ץ צ	Tsade
ק	Kof
ר	Resh
ש	Shin
ת	Taw

Wichtige Hinweise zum Alphabet:

Der Buchstabe J (Es gibt kein J)

Der Buchstabe J existiert seit ungefähr 500 Jahren. Tatsächlich erscheint in der King-James-Bibel aus dem Jahr 1611 kein J, weil es damals noch nicht existierte.

Erinnern wir uns daran, dass der Buchstabe J auch in der spanischen Sprache bis zum 16. Jahrhundert nicht existierte. Das „J" war der letzte Buchstabe, der von Pierre de la Ramée (1515-1572) in das moderne lateinische Alphabet aufgenommen wurde, um ihn vom phonetischen Wert zu unterscheiden, den das „I" in den romanischen Sprachen entwickelt hatte. Wikipedia.

Ich benutze den Klang des J in einigen Buchstaben des hebräischen Alphabets, weil es der Klang ist, der dem Spanischen am nächsten kommt, da das H in unserer Sprache stumm ist, im Hebräischen jedoch nicht.

Der Buchstabe V (Es gibt kein V)

Ursprünglich existierte nur der Klang von waw (u), dennoch schufen die aschkenasischen Juden (Pharisäer und Schriftgelehrten) ihre eigene

Version und fügten die Aussprache von waw (u) als v ein oder änderten sie.

Das v wurde im hohen Mittelalter in Anfangsstellung immer häufiger verwendet. Antonio de Nebrija verteidigte 1492 die Notwendigkeit, in der Schrift den Vokal u vom Konsonanten v zu unterscheiden, was sich erst ab dem 16. Jahrhundert festigte. Das labiodentale v blieb bis zum 16.-17. Jahrhundert erhalten, wird aber heute nur noch im orientalischen Judenspanisch beibehalten. Da die Römer zwischen V und U nicht unterschieden, hatten diese denselben Klang. Mineduc.

Das Ziel, das hebräische Alphabet zu teilen, ist, dass wir besser verstehen, warum wir die korrekten Namen unseres Schöpfers YAHUAH und Erlösers YAHUSHA verwenden.

KAPITEL V

Der Name von YAHUAH (יהוה)

Im Laufe der Jahre hat man uns viele ungewisse Dinge darüber erzählt, welcher der korrekte Name unseres Schöpfers ist; all diese Namen, die dort draußen kursieren und den ersten Platz beanspruchen, wurden verfälscht und keiner ist der wahre Name. Sein wahrer Name ist YAHUAH (יהוה). Diese vier Buchstaben im Hebräischen sind die, die für den Namen von YAHUAH verwendet werden, welche falsch interpretiert wurden und daher den wahren Namen unseres Schöpfers verdunkelten. Dies ist die Lesung des Namens unseres ALOHIYM.

Y	Y	י
AH	He (am Anfang eines Wortes wird es als He gelesen, aber in der Mitte, allein oder am Ende wird es als AH gelesen. Das h klingt wie das lateinische j, das heißt, es ist nicht stumm)	ה
U	Waw (repräsentiert den Vokal U)	ו
AH	He (am Anfang eines Wortes wird es als He gelesen, aber in der Mitte, allein oder am Ende wird es als AH gelesen. Das h klingt wie das lateinische j, das heißt, es ist nicht stumm)	ה

Man muss kein Wissenschaftler sein, um diese Zeichen zu lesen und sie erst recht nicht zusammenzusetzen und den Namen von YAHUAH korrekt zu lesen. Die Buchstaben sind 1. Y 2. AH 3. U 4. AH. Wenn wir sie zusammensetzen, erhalten wir den Namen unseres Schöpfers YAHUAH. Vergesst nicht, dass das H nicht stumm ist, sondern dass es in der hebräischen Sprache klingt, wenn es am Anfang und wenn es in der Mitte eines Wortes steht. Wenn es jedoch am Ende steht, neigt es dazu, stumm zu sein.

Wer änderte Seinen Namen in der Bibel?

Die sogenannten aschkenasischen Juden oder Pharisäer (Schriftgelehrten) schufen das Dogma oder den Aberglauben, dass der Name von YAHUAH zu heilig sei, um ausgesprochen zu werden, und beschlossen dann betrügerisch, Seinen Namen nicht mehr auszusprechen. Sogar dieselben aschkenasischen Juden oder Pharisäer (Schriftgelehrten) beschlossen, den Titel Adonay zu verwenden, welcher Herr bedeutet, anstelle des Namens YAHUAH. Obwohl dieser in der Schrift des ursprünglichen Hebräisch weiterhin unversehrt blieb, beschlossen sie, ihn als Adonay auszusprechen und schufen so diese Tradition und erfüllten die Prophezeiungen, die sagen, dass sie mit der Zeit und durch das Sündigen mit heidnischen Göttern Seinen wahren Namen vergessen würden: YAHUAH.

Nach der Zerstörung des Tempels von Jerusalem wurde der Name vergessen. Dennoch erschien er weiterhin in den hebräischen Schriften. Trotzdem bezahlte Rom beim Übersetzen der Texte seine Übersetzer dafür, den Namen YAHUAH aus der Bibel zu entfernen und ihn durch den Titel Herr (oder Baal) zu ersetzen. Es ist wichtig hervorzuheben, dass dieser Titel nicht nur auf irgendjemanden angewandt wird, sondern auch vom Namen Baal kommt, einem heidnischen Gott, der von YAHUAH verabscheut wurde.

So wurde also der Name von YAHUAH in der Bibel durch den Namen Baal oder Herr ersetzt. Obwohl er im ursprünglichen hebräischen Text immer vorhanden gewesen ist, wurde der Name von YAHUAH ungefähr 7 Tausend Mal aus der Bibel entfernt. In den Übersetzungen in andere Sprachen wurde der Name von YAHUAH GELÖSCHT.

Schließlich dürfen wir nicht vergessen, dass YAHUAH als der ALOHIYM (Gott) der Yasharal von den Griechen und Römern gehasst wurde, sodass sie versuchten, seinen Namen aus der Bibel zu löschen, als Konstantin Kirche und Staat vereinte.

Der Name von YAH (יה)

Zunächst einmal ist es wichtig, sich daran zu erinnern, dass der Name von YAHUAH eine kurze Version hat, das heißt, Sein Name hat 4 Buchstaben, aber die kurze Version besteht nur aus den ersten beiden Buchstaben.

Die kurze Version Seines Namens ist YAHU oder YAH (יה)

Y	Y	י
AH	He (am Anfang eines Wortes wird es als He gelesen, aber in der Mitte, allein oder am Ende wird es als AH gelesen. Das h klingt wie das lateinische j, das heißt, es ist nicht stumm)	ה

Normalerweise sagen wir YAH oder YAHU, was die Art ist, wie die kurze Version des Namens von YAHUAH gelesen wird. Diese verkürzte Version ist diejenige, die in den Namen der Propheten und Diener von YAHUAH verwendet wird, da sie so zeigen, wie ihre Namen Teil des Schöpfers bilden. Zum Beispiel: EliYAHU oder EliYAH (Elias) – YirmeYAHU oder YirmeYAH (Jeremia) - YashaYAHU oder YashaYAH (Jesaja).

Diese kurze Version erscheint ungefähr 50 Mal allein in der Bibel und bezieht sich auf YAHUAH sowie unzählige Male in Kombination mit Namen anderer Personen der Bibel.

Ist der Name von YAHUAH in der Bibel?

Natürlich ja, ungefähr 7 Tausend Mal. Man braucht nur die Bibel auf Hebräisch anzusehen und man wird erkennen, dass sein Name dort ist. Du kannst auch die Übersetzung deiner Bibel ansehen und wirst sehen, dass dort, wo sie den Titel Herr mit Großbuchstaben gesetzt haben, der Name von YAHUAH ersetzt wird. Sie verwenden auch den Begriff Gott, um den wahren Namen von YAHUAH nicht zu verbreiten, was bedeutet, dass JA, der Name von YAHUAH im ursprünglichen Hebräisch weiterhin unversehrt bleibt; nur in den Übersetzungen haben sie ihn verborgen. Dennoch wird in den letzten Zeiten und gemäß den Prophezeiungen Sein Name „YAHUAH" in der ganzen Welt bekannt werden, da er wiederhergestellt werden wird. Das ist es, was wir heutzutage tun, den wahren Namen unseres Schöpfers YAHUAH wiederherstellen.

Es ist interessant, in der Swahili-Übersetzung der Bibel die Transliteration des wahren Namens unseres Schöpfers YAHUAH finden zu können. Natürlich änderten sie nach den Überarbeitungen dieser Bibel den Namen unseres Schöpfers.

Warum ist es wichtig, den Namen von YAHUAH zu kennen?

Glauben Sie nicht, dass das Kennen des wahren Namens unseres Schöpfers eine wichtige Tatsache ist? Wir Menschen gehen bis zu bestimmten Extremen, nur damit unser Name erkannt wird. Tatsächlich werden wir sogar wütend und diskutieren, wenn man uns mit einem anderen Namen ruft, weil es wichtig ist, dass die anderen unseren Namen korrekt kennen, da es unsere einzigartige Identität und das ist, was uns von den anderen unterscheidet. Wenn dein Name Pedro ist und du jemanden hörst, der Pablo ruft, ist es logisch, dass du dich nicht umdrehst, weil es nicht dein Name ist. Aber wenn du jemanden sagen hörst: „Pedro, Pedro"… wirst du dich sofort umdrehen und aufmerksam werden, weil du weißt, dass das dein Name ist.

Wie viel wichtiger ist dann der Name des Schöpfers des Universums und von allem, was existiert. Wenn YAHUAH nicht wollte, dass wir Seinen wahren Namen kennen und ihn korrekt aussprechen, warum ist dann der Name von YAHUAH ungefähr 7 Tausend Mal im Alten Testament vorhanden? Unser Schöpfer ist unter vielen Namen bekannt, aber nur EINER ist sein wahrer Name und durch diesen wird nur ER genannt. Nichts und niemand sonst im Himmel, auf der Erde oder unter der Erde hat diesen Namen, weil er EINZIG und ausschließlich für YAHUAH reserviert ist.

Johannes 14:13 Und alles, was ihr den Vater (YAHUAH) in meinem Namen (YAHUSHA) bitten werdet, das werde ich tun, damit der Vater (YAHUAH) im Sohn (YAHUSHA) verherrlicht werde.

Wenn wir also etwas von YAHUAH im Namen von YAHUSHA erbitten, werden wir es erhalten. Aber wie sollen wir etwas erhalten, wenn wir nicht einmal wissen, wen wir bitten und erst recht nicht im Namen von wem wir bitten? Dies ist der Hauptgrund, warum wir immer wieder bitten und bitten, aber niemals erhalten: wir wissen nicht, wie man bittet und wir bitten nicht korrekt.

Wenn wir jemandem auf der Straße begegnen und er sagt zu uns: „Pedro, gib mir etwas zu essen, ich habe nichts zu essen", dann sagen wir als Erstes: „Mein Name ist nicht Pedro, mein Name ist (zum Beispiel) Santiago." Und wenn wir gut gelaunt sind und Mitleid empfinden und uns dann entscheiden, ihm etwas zu geben, geben wir ihm nicht viel, weil er sich nicht an uns richtet, sondern denkt, dass wir jemand anderes sind. Etwas geben wir ihm jedoch.

Nun, wenn wir jemandem begegnen, der uns mit unserem Namen ruft, ist das Erste, was geschieht, dass wir unser Erstaunen zeigen. Dann geben wir ihm, weil er uns mit unserem Namen ruft, das, worum er bittet, und noch mehr, weil wir froh sind, dass diese Person uns erkennt und uns mit unserem Namen ruft. Folglich überhäufen wir ihn mit Gaben.

Denken Sie an diese beiden Szenarien und versetzen Sie sich dann in die Lage von YAHUAH; Sie werden besser verstehen können, was ich sage. Es ist von größter Wichtigkeit, dass wir Seinen wahren Namen YAHUAH und den Namen Seines Sohnes YAHUSHA kennen.

Andere Namen von YAHUAH in der Bibel

Die Bibel verzeichnet andere Namen, die seit dem Beginn der Zeiten verwendet wurden, um sich auf YAHUAH zu beziehen. Diese können Titel sein, um sich auf Ihn in einer bestimmten Situation zu beziehen oder um auf eine bestimmte Erfahrung einer der biblischen Personen hinzuweisen.

Alo᷍hîym (אֱלֹהִים): Es ist der erste Name, der in der Bibel erscheint, in Genesis 1:1 Am Anfang schuf Alo᷍hîym Himmel und Erde. Es ist wesentlich zu erwähnen, dass dieser Begriff ungefähr 2.601 Mal im Alten Testament erscheint und verwendet wird, um sich auf den Schöpfer YAHUAH sowie auch auf andere Götter oder Gottheiten zu beziehen. Andererseits ist es ebenfalls wichtig hervorzuheben, dass der Begriff „Alo᷍hîym" im Plural steht, das heißt, er bedeutet „Götter".

Al (אֵל): Bedeutet der „Allmächtige" und erscheint ungefähr 242 Mal im A.T. Genesis 35:1 ...baue dort einen Altar für den Al, der dir erschien, als du vor deinem Bruder Esau flohst.

Alo᷍ah (אֱלוֹהַּ): Singularform von Alo᷍hîym und erscheint ungefähr 57 Mal im A.T. Deuteronomium 32:15 ...Dann verließ er den Alo᷍ah, der ihn gemacht hatte...

Ala᷍h (אֱלָה): Erscheint ungefähr 95 Mal im A.T. Daniel 2:23 ...Dir, oh Ala᷍h meiner Väter...

Zusammenfassend gibt es viele Kombinationen, die die oben erwähnten Namen verwenden und zu einer unzähligen Anzahl von Namen führen. Dennoch ist der Eigentliche oder Hauptname YAHUAH.

Titel, Attribute und Kombinationen der Namen von YAHUAH

Wie zuvor erwähnt, gibt es neben den Hauptnamen von YAHUAH auch Titel, Attribute und Kombinationen entsprechend einer bestimmten Situation oder einem bestimmten Umstand.

Kombinationen mit Al (אֵל):

Al Alyôn (עֶלְיוֹן)- Der Höchste. Genesis 14:18 Da brachte Melchisedek, König von Salem und Priester des Al Höchsten, Brot und Wein heraus.

Al Rŏ›îy (רֳאִי)- Der sieht. Genesis 16:13 Da nannte sie den Namen von YAHUAH, der mit ihr redete: Du bist Al, der sieht; denn sie sagte: Habe ich nicht auch hier den gesehen, der mich sieht?

Al Shadday (שַׁדַּי)- Der Allmächtige. Genesis 17:1 Abram war neunundneunzig Jahre alt, als YAHUAH ihm erschien und zu ihm sagte: Ich bin der Al Shadday. Wandle vor mir und sei vollkommen.

Al Ôlâm (עוֹלָם) - Der Ewige. Genesis 21:33 Und Abraham pflanzte einen Tamariskenbaum in Beerseba und rief dort den Namen von YAHUAH Al Olam an.

Al Aĕlōhêy Yasharal (אֵל אֱלֹהֵי יִשְׂרָאֵל) – Al Yasharals. Genesis 33:20 Und er errichtete dort einen Altar und nannte ihn Al-Alohe-Yasharal.

Kombinationen mit YAHUAH (יְהֹוָה):

YAHUAH Yireh (יְהֹוָה יִרְאֶה)- YAHUAH wird versorgen. Genesis 22:14 Und Abraham nannte den Namen jenes Ortes YAHUAH Yireh. Daher sagt man heute: Auf dem Berg von YAHUAH wird versorgt werden.

YAHUAH Nissîy (יְהֹוָה נִסִּי) - YAHUAH ist mein Banner. Exodus 17:15 Und Mose baute einen Altar und nannte seinen Namen YAHUAH-Nissîy.

YAHUAH Shâlôm (יְהֹוָה שָׁלוֹם) - YAHUAH ist Frieden. Richter 6:24 Und Gideon baute dort einen Altar für YAHUAH und nannte ihn YAHUAH-Shâlôm; dieser bleibt bis heute in Ophra der Abiesriter.

YAHUAH Tsâbâ (צָבָא) - YAHUAH der Heerscharen. 1 Samuel 1:3 Und jener Mann ging Jahr für Jahr aus seiner Stadt hinauf, um YAHUAH der Heerscharen in Silo anzubeten und Opfer darzubringen, wo die beiden Söhne Elis, Hofni und Pinehas, Priester von YAHUAH waren.

YAHUAH Tsedek (צֶדֶק) - YAHUAH ist unsere Gerechtigkeit. Jeremia 23:6 In seinen Tagen wird Juda gerettet werden und Yasharal sicher wohnen; und dies wird sein Name sein, mit dem sie ihn nennen werden: YAHUAH, unsere Gerechtigkeit.

YAHUAH Shâm (שָׁם)- YAHUAH ist dort. Hesekiel 48:35 Ringsherum sollen es achtzehntausend Rohrmaße sein. Und der Name der Stadt soll von jenem Tag an sein: YAHUAH-shâma.

YAHUAH Qâdash (קָדַשׁ) – YAHUAH heiligt. Exodus 31:13 Du sollst zu den Kindern Yasharals sprechen und sagen: Wahrlich, ihr sollt meine Sabbate halten; denn dies ist ein Zeichen zwischen mir und euch durch eure Generationen hindurch, damit ihr erkennt, dass ich YAHUAH bin, der euch heiligt.

YAHUAH Râphâ (רָפָא) - YAHUAH heilt. Exodus 15:26 und sagte: Wenn du aufmerksam auf die Stimme von YAHUAH deinem ALOHIYM hörst und tust, was recht ist vor seinen Augen, seinen Geboten gehorchst und alle seine Satzungen hältst, werde ich keine der Krankheiten auf dich legen, die ich auf die Ägypter gelegt habe; denn ich bin YAHUAH, dein Heiler.

YAHUAH Ra'âh (רָעָה) – YAHUAH ist mein Hirte. Psalmen 23:2 YAHUAH ist mein Hirte; mir wird nichts mangeln.

Andere Attribute und Titel von YAHUAH

Ădônây (אֲדֹנָי) – Herr, Meister. Genesis 15:2 Und Abram antwortete: Ădônây YAHUAH, was willst du mir geben, da ich kinderlos dahin gehe und der Verwalter meines Hauses dieser Elieser von Damaskus ist?

Qâdôsh Yasharal (קָדוֹשׁ) - Heiliger Yasharals. Jesaja 1:4 Wehe, sündiges Volk, mit Schuld beladenes Volk, Geschlecht der Übeltäter, verderbte Kinder! Sie haben YAHUAH verlassen, den Heiligen Yasharals erzürnt, sie sind rückwärts gewichen.

Hâyâh (הָיָה) Ăshar (אֲשֶׁר) Hâyâh (הָיָה) – ICH BIN DER ICH BIN. Exodus 3:14 Und Alohîym antwortete Mose: ICH BIN DER ICH BIN. Und er sagte: So sollst du zu den Kindern Yasharals sagen: ICH BIN hat mich zu euch gesandt.

Was ist der Ursprung des Wortes Herr?

Das Wort Herr kommt vom hebräischen Begriff Baal, der sich auf eine semitische Gottheit oder einen Gott bezieht, der von YAHUAH verabscheut wurde und die Ursache aller Schmerzen des Volkes von YAHUAH oder Yasharal war. Das Wort Baal bedeutet Herr oder Besitzer. Es ist gut sich daran zu erinnern, dass der vollständige Name Baalzebub (Belzebub oder Beelzebub) ist, was übersetzt „Herr der Fliegen" bedeutet. Es ist derselbe Begriff, der in einigen Teilen des Neuen Testaments verwendet wird, in Matthäus 10:25, Matthäus 12:24, Markus 3:22, um sich auf den Fürsten der Dämonen zu beziehen.

Das bedeutet, dass man uns gelehrt hat, den Begriff oder Titel Herr zu benutzen, um sich auf unseren Schöpfer YAHUAH oder auf unseren Erlöser YAHUSHA zu beziehen. Infolgedessen täuschen sie uns vollständig, da sie uns dazu bringen, heidnische und von YAHUAH verabscheute Begriffe zu verwenden. Anstatt unseren Schöpfer YAHUAH bei seinem Namen oder unseren Erlöser

YAHUSHA zu nennen, rufen wir ständig den Namen Baal oder den Fürsten der Dämonen an. Glauben Sie, dass es YAHUAH gefällt, dass man ihn mit einem heidnischen und verabscheuungswürdigen Gott verwechselt?

Exodus 20:3 Du sollst keine anderen Götter vor mir haben. 4 Du sollst dir kein Bildnis machen noch irgendein Gleichnis von dem, was oben im Himmel, noch unten auf der Erde, noch in den Wassern unter der Erde ist. 5 Du sollst dich nicht vor ihnen niederbeugen noch sie ehren; denn ich bin YAHUAH dein ALOHIYM, stark, eifersüchtig, der die Bosheit der Väter heimsucht an den Kindern bis in die dritte und vierte Generation derer, die mich hassen, 6 und Barmherzigkeit erweise Tausenden an denen, die mich lieben und meine Gebote halten.

Woher kommt das Wort Gott?

Das Wort „Gott“ kommt direkt vom lateinischen deus, „Gottheit, Gott“. Der lateinische Begriff leitet sich wiederum vom indoeuropäischen „deiwos“ ab, von der Wurzel „deiw“, „glänzen, weiß sein“, von der sich ebenfalls der griechische Begriff Ζεύς (Zeus) ableitet. Tatsächlich ist das spanische Wort dios identisch in der Aussprache mit dem griechischen Διός (Diós), Genitivform von Zeus (dem Hauptgott der griechischen Mythologie, Vater der „theos“, die die kleineren Götter sind). Wikipedia

Wie man sehen kann, gibt es eine Ähnlichkeit oder Gleichheit zwischen den lateinischen Begriffen deus und Zeus (Gott der griechischen Mythologie), von denen letztendlich unser lateinisches Wort Gott stammt. Seit unserer Kindheit hat man uns gelehrt, dass wir unseren Schöpfer YAHUAH Gott nennen sollen oder unseren Erlöser YAHUSHA Gott nennen sollen. Dennoch führt uns diese Lehre zu Namen heidnischer oder mythologischer Gottheiten oder Götter. Aus diesem Grund versuche ich, das Wort Gott nicht in meinen Wortschatz aufzunehmen und bevorzuge die Verwendung des biblischen Begriffs ALOHIYM, der wörtlich Gott im allgemeinen Sinn bedeutet und sich ebenfalls auf unseren Schöpfer YAHUAH ALOHIYM bezieht. Tatsächlich ist der ursprüngliche hebräische Begriff in der Bibel in der großen Mehrheit der Fälle ALOHIYM, wenn wir das Wort Gott sehen.

Genesis 1:2 Am Anfang schuf ALOHIYM (Gott) Himmel und Erde. Der ursprüngliche hebräische Begriff, der in der Bibel verwendet wird, ist ALOHIYM.

Diese Information ist in hohem Maße sensibel und viele werden sie weder akzeptieren noch aufnehmen, aber diejenigen, die von und durch YAHUAH berufen sind, werden Interesse zeigen und versuchen, die Wahrheit Seines Namens zu erkennen.

Der Name von YAHUSHA (ע ש י ה ו)

Ich weiß, dass dies für einige ein schwer zu akzeptierender Schluck und eine harte Wahrheit sein wird, dennoch ist die Wahrheit die Wahrheit und braucht niemanden, der sie verteidigt. Diejenigen, die aus der Wahrheit sind, werden sie früher oder später akzeptieren. Trotzdem verstehe ich vollkommen, wie schwierig es für viele sein kann, diese Worte zu hören, wenn man uns seit unserer Kindheit das Gegenteil gelehrt hat; es ist sehr schwierig, Gewohnheiten zu ändern, die von Generation zu Generation weitergegeben wurden. Deshalb bitte ich meine Leser immer, ihre eigenen Nachforschungen anzustellen, und am Ende werden sie sehen, dass sie zu denselben Schlussfolgerungen gelangen werden. Alle hier präsentierten Informationen haben ihre Unterstützungsquelle, die Sie lesen können, wann immer Sie möchten. Nichts ist private Auslegung, im Gegenteil, es ist gemeinsame Auslegung für die gesamte Menschheit.

Der Name seines Sohnes ist YAHUSHA (עשיהו)

Der Name unseres Erlösers trägt immer den Namen Seines Vaters YAHUAH, und deshalb ist sein Name YAHU (kurze Version des Namens des Vaters) und SHA.

Sein Name bedeutet ICH BIN derjenige, der rächt, verteidigt, befreit, hilft, bewahrt, rettet, Erlösung bringt, dein Erlöser und derjenige ist, der dich zum Sieg führt. Das ist YAHUSHA, der Sohn.

Y	Y	י
AH	He (am Anfang eines Wortes wird es als He gelesen, aber in der Mitte, allein oder am Ende wird es als AH gelesen. Das h klingt wie das lateinische j, das heißt, es ist nicht stumm)	ה
U	Waw / U	ו
SH	Sh	ש
A	Ayin	ע

Wie Sie sehen können, sind die ersten drei Buchstaben dieselben, die im Namen des Vaters YAHUAH enthalten sind, also YAHU, wie ich zuvor erklärt habe. Dies ist das perfekte Kennzeichen, das den Sohn YAHUSHA als Teil des Vaters YAHUAH repräsentiert.

Ursprung des Namens Jesus

Wenn das J nicht existierte, woher kommt dann der Name Jesus?

Wie wir zuvor erklärt haben und wie ich glaube, dass Sie alle den Punkt bereits verstehen, wollen wir die Wichtigkeit eines Namens betrachten. Der Name einer Person ist sehr wichtig, so sehr, dass

YAHUAH, obwohl einige versuchen ihn zu verbergen, immer Seinen wahren Namen im Laufe der Geschichte verwendet hat, das heißt YAHUAH. Ebenso hat Er Seinen Namen durch die Namen vieler Propheten und Erwählter von YAHUAH gezeigt. Es ist so tiefgreifend wichtig, dass Er sogar die Namen vieler Personen in der Bibel ändert, zum Beispiel „Jakob "Ya'aqob"– Yasharal "Yashar'el", Abram – "Abraham". Dies sind nur einige Beispiele, damit wir uns erinnern, dass YAHUAH dazu neigt, die Namen der Menschen wegen ihrer Bedeutung zu ändern.

Glauben Sie, dass YAHUAH Yoseph (Josef) und Maria sagte, sie sollten Seinem einzigen Sohn einen griechischen oder lateinischen Namen geben? Diese Theorie ist unmöglich und undenkbar. Was man uns glauben gemacht hat, ist, dass unser Erlöser keinen hebräischen Namen trägt, sondern einen heidnischen Namen. UNMÖGLICH. Der Name Jesus kommt vom griechischen "Iησοὑς", das als Iesus gelesen wird, da das J in keiner der Sprachen existierte. Dies wiederum kommt vom lateinischen "Iesus", das gelesen wird, wie es geschrieben wird.

Noch einmal erinnere ich Sie daran, dass das J weder im Hebräischen, noch im Griechischen, noch im Lateinischen noch in irgendeiner anderen Sprache existierte, nicht einmal im Spanischen. Obwohl wir bereits etwas über den Namen Zeus gelernt haben, haben wir die Ähnlichkeit und Bedeutung des Namens "Iesus" noch nicht gelernt. Dieser Name bedeutet wörtlich:

Ie: Heil (wenn sich die Person vor einem König oder Herrscher niederwirft oder ihn grüßt)

Sus: Es ist die Aussprache des Namens Zeus auf Englisch und in anderen Sprachen.

Das bedeutet also, dass der Name „Heil Zeus" bedeutet, ein Ausdruck, der sich auf eine Anrufung des heidnischen und mythologischen griechischen Gottes bezieht, der aufgrund der Bedeutung des Namens auch als Sonnengott bekannt ist.

Glauben Sie, dass alles, was unser Erlöser für uns am Pfahl getan hat, den vom Menschen geschaffenen heidnischen Göttern gegeben und zugeschrieben werden sollte? Oder wie würde man sich fühlen, etwas Wunderbares zu erschaffen oder zu tun und jemand anderes nimmt den Verdienst für dieses Werk, das Sie getan oder ausgeführt haben? Ich persönlich würde mich beraubt, enttäuscht und sogar wütend fühlen. Aber genau das haben wir mit unserem Erlöser YAHUSHA getan. Wir haben ihn seiner Werke, Wunder und seines stellvertretenden Todes am Pfahl für uns beraubt, wenn wir seine Werke dem von Konstantin und dem Römischen Reich geschaffenen Gott (Jesus) zuschreiben.

Wie Sie sehen können, wurde der Name unseres Erlösers YAHUSHA im Laufe der Zeit verändert und ersetzt, genauso wie es mit dem Namen seines Vaters YAHUAH geschah. Dennoch bleibt die Wahrheit immer bestehen, auch wenn die Menschheit versucht, sie zu verbergen.

Apostelgeschichte 4:12 Und in keinem anderen ist Rettung, denn es ist kein anderer Name unter dem Himmel den Menschen gegeben, in dem wir gerettet werden müssen.

Welcher Name wurde gegeben? Der Name YAHUSHA.

Johannes 5:43 Ich bin im Namen meines Vaters gekommen, und ihr nehmt mich nicht auf; wenn ein anderer in seinem eigenen Namen kommt, den werdet ihr aufnehmen.

YAHUSHA selbst sagte, dass er im Namen seines Vaters kam. Deshalb trägt sein Name den Namen YAHU, welcher die verkürzte Form des Namens YAHUAH ist.

Der Name YAHUSHA bedeutet:

YAHU = YAHUAH

SHA = Rettung, Befreiung, Erlösung

Daher bedeutet der Name YAHUSHA:

YAHUAH rettet oder die Rettung von YAHUAH.

Matthäus 1:23 Siehe, die Jungfrau wird schwanger sein und einen Sohn gebären, und sie werden seinen Namen Immanuel nennen, was übersetzt bedeutet: ALOHIYM mit uns.

Viele verwenden diesen Vers, um zu sagen, dass der Name des Messias Immanuel sei. Dennoch erklärt derselbe Vers, dass dies seine Bedeutung oder sein Titel ist und nicht sein eigentlicher Name.

Dasselbe geschieht mit vielen Titeln in der Bibel. YAHUSHA wird genannt:

- Sohn des Menschen
- Lamm von YAHUAH
- König der Könige
- Hohepriester
- Messias
- Erlöser
- Der Weg
- Das Licht der Welt

Aber keiner dieser Titel ersetzt seinen wahren Namen.

Die Wichtigkeit des Namens

Der Name repräsentiert Autorität, Identität und Macht. Deshalb versuchte der Feind immer, die Namen von YAHUAH und YAHUSHA zu verbergen.

Sprüche 18:10 Der Name von YAHUAH ist ein starker Turm; der Gerechte läuft hinein und ist in Sicherheit.

Joel 2:32 Und es wird geschehen: Jeder, der den Namen von YAHUAH anruft, wird gerettet werden.

Psalm 91:14 Weil er seine Liebe auf mich gesetzt hat, darum werde ich ihn retten; ich werde ihn hoch erheben, weil er meinen Namen erkannt hat.

Beachten Sie, dass die Schriften immer die Wichtigkeit hervorheben, Seinen Namen zu kennen und anzurufen.

Viele Menschen fragen: „Spielt es wirklich eine Rolle, wie wir Ihn nennen?“ Die Antwort ist ja. Denn wenn es keine Rolle spielen würde, warum hätte YAHUAH dann Seinen Namen offenbart? Warum würde die Schrift so oft über Seinen Namen sprechen?

Psalm 68:4 Singt ALOHIYM, singt seinem Namen; macht Bahn dem, der durch die Wüsten fährt. Sein Name ist YAH, freut euch vor ihm.

Hier sehen wir klar die verkürzte Form Seines Namens: YAH.

Offenbarung 19:1 Danach hörte ich etwas wie eine laute Stimme einer großen Volksmenge im Himmel, die sprach: Halal Yah! Das Heil und die Herrlichkeit und die Ehre und die Macht gehören YAHUAH unserem ALOHIYM.

Das Wort Halal Yah bedeutet:

“Preist YAH.“

Selbst in den Schriften blieb Sein Name verborgen in vielen Worten und Ausdrücken.

Die Wiederherstellung des Namens

Wir leben in einer Zeit der Wiederherstellung. YAHUAH stellt viele Dinge wieder her, die im Laufe der Jahrhunderte verborgen oder verfälscht wurden.

Apostelgeschichte 3:21 Den der Himmel aufnehmen muss bis zu den Zeiten der Wiederherstellung aller Dinge, von denen YAHUAH durch den Mund aller seiner heiligen Propheten von alters her geredet hat.

Die Wiederherstellung Seines Namens ist Teil dieser Wiederherstellung aller Dinge.

Zefanja 3:9 Denn dann werde ich den Völkern reine Lippen geben, damit sie alle den Namen von YAHUAH anrufen und ihm einmütig dienen.

YAHUAH möchte, dass die Nationen Seinen Namen erkennen und Ihn mit Wahrheit anrufen.

Jeremia 16:21 Darum siehe, ich werde ihnen diesmal meine Hand und meine Macht erkennen lassen, und sie werden erkennen, dass mein Name YAHUAH ist.

Die Nationen werden Seinen Namen erkennen. Nicht Titel, nicht Traditionen von Menschen, sondern Seinen wahren Namen.

Deshalb ist es wichtig, dass wir beginnen, unseren Schöpfer und Erlöser so zu nennen, wie sie wirklich heißen.

Nicht aus Religion oder Fanatismus, sondern aus Liebe zur Wahrheit und aus dem Wunsch, zu den ursprünglichen Wegen zurückzukehren.

Jeremia 6:16 So spricht YAHUAH: Tretet auf die Wege und schaut und fragt nach den alten Pfaden, welches der gute Weg sei, und wandelt darauf; so werdet ihr Ruhe finden für eure Seelen.

Viele werden diese Wahrheit ablehnen. Andere werden sie verspotten. Aber diejenigen, die die Wahrheit lieben, werden beginnen zu forschen, zu studieren und zu erkennen, dass die Namen von YAHUAH und YAHUSHA immer in den Schriften gewesen sind.

KAPITEL VI

Konstantin und das Konzil von Nicäa

Um das Jahr 325 n. Chr. versammelte sich das Konzil von Nicäa und das erste ökumenische Treffen fand statt; dort waren Führer aller wichtigsten Sekten und Religionen jener Zeit. Der Kaiser Konstantin vereinte all diese Gruppen mit dem Ziel, Einheit zu schaffen und den neuen Gott zu definieren, der nicht nur sein Reich regieren würde, sondern alle Religionen und Reiche der Welt. Konstantin versammelte 1.780 Führer und von diesen wählte er 144 Sprecher aus. Er teilte den Rest in Gruppen zu 12 ein und ernannte eine gute Anzahl von ihnen zu Schreibern und Übersetzern.

Jedoch wurden einige aufgrund ihres Aussehens als Yasharal abgelehnt und ihnen wurde der Zugang zum Konzil verboten. Als Folge davon war kein einziger Yasharal und noch weniger ein Levit bei diesem Treffen anwesend. Das heißt, es war kein Wächter des Wortes YAHUAHS anwesend. Diese religiösen Führer mussten entscheiden, welcher der einzige Gott sein würde, den sie anbeten würden und welcher die Gottheit des römischen Reiches oder Konstantins sein würde. Die Namen von mehr als 50 Göttern wurden ausgewählt, um den einzigen Gott des Reiches Konstantins auszuwählen. Dennoch gelang es den religiösen und ökumenischen Führern nicht, irgendeine Einigung zu erzielen, weil alle ihre eigenen persönlichen Interessen hatten. Dies ist eine Liste der wichtigsten Götter, die darum konkurrierten, der einzige Gott des Reiches Konstantins zu werden.

Jove (Zeus), Jupiter (römische Version von Zeus), Salenus, Baal, Thor, Gade, Apollo, Juno, Aries, Taurus, Minerva, Rhets, Mithra, Theo, Fragapatti, Atys, Durga, Indra, Neptune, Vulcan, Kriste (alter germanischer Gott oder Krishna hinduistischer Gott), Agni, Croesus, Pelides, Huit, Hermes, Thulis, Thammus, Eguptus, Iao, Aph, Saturn, Gitchens, Minos, Maximo, Hecla und Phernes.

Danach erschufen sie Tombolas, um die Anzahl der Götter zu reduzieren und so zu demjenigen zu gelangen, den sie benötigten. Die Anzahl der Götter wurde reduziert, bis man bei 21 Kandidatengöttern für die Position ankam.

Der Gott des Reiches Konstantins

Ein Jahr und 5 Monate später hatten sie noch immer nicht entschieden, welcher der Gott des Reiches sein würde; aber sie hatten es geschafft, die Liste der Götter auf 5 zu reduzieren:

Jove (griechischer Zeus oder römischer Jupiter)

Kriste (alter germanischer Gott oder Krishna, hinduistischer Gott)

Mars (Mars, Gott des Krieges, italischer Gott)

Crite (Caesar oder Crite der Chaldäer, alter Gott)

Siva (Shiva, hinduistischer Gott).

Das neue Reich hatte die zwingende Notwendigkeit, seinen eigenen Gott zu erschaffen, da sie den ALOHIYM (Gott) der Yasharal weder akzeptierten noch anbeteten; deshalb ließen sie nicht zu, dass auch nur ein einziger Yasharal an ihrem Rat teilnahm. Am Ende gelang es ihnen, durch Zeichen zu entscheiden, und der siegreiche Gott war Kriste (alter germanischer Gott oder Krishna hinduistischer Gott), den sie als den Gott aller Nationen und der Erde erklärten. Ebenso waren sie sich einig darin, jeden anderen Gott abzulehnen, der nicht Krishna war oder, besser auf Latein ausgesprochen, da dies die vorherrschende Sprache war, Christus.

Diese Entscheidung würde sich auf alle kommenden Jahrhunderte auswirken. Sie würde die neun Pfahlzüge (angeblich heilige Kriege) und andere Pfahlzüge in verschiedenen Territorien sowie die Inquisition oder heilige Inquisition gegen die angebliche Häresie entfesseln, die mit der Todesstrafe bestraft wurde (laut Rom oder der katholischen Kirche jener Zeit).

Matthäus 24:22 Wenn jene Tage nicht verkürzt würden, würde niemand gerettet werden, aber sie werden verkürzt werden um der Auserwählten willen. 23 Wenn also jemand zu euch sagt: „Seht, hier ist der Messias (YAHUSHA)", oder „Seht, dort ist er", glaubt es nicht. 24 Denn falsche Messiasse und falsche Propheten werden auftreten und große Zeichen und Wunder tun, sodass sie, wenn möglich, sogar die Auserwählten täuschen werden.

Dies war genau das, was sie erschufen: Einen falschen Messias mit dem Ziel, die Menschheit vom wahren Messias (YAHUSHA) wegzuführen. Die Täuschung ist so groß, dass sogar die Auserwählten getäuscht werden könnten, genau wie Matthäus es sagt.

Erinnert euch daran, dass unter den Anwesenden dieses Rates die Pharisäer oder Aschkenasim waren, die immer der öffentliche Feind Nummer eins von YAHUAH und seinen Lehren gewesen sind. So sehr sogar, dass sie die Vorläuferkraft bei der Pfahligung YAHUSHAS waren, dieselben, die YAHUSHA „übertünchte Gräber" nannte.

Matthäus 23:27 Wehe euch, Schriftgelehrte und Pharisäer, Heuchler!, die ihr wie übertünchte Gräber seid. Von außen seht ihr schön aus, aber innen seid ihr voller Totengebeine und Verwesung. 28 So auch ihr, von außen erweckt ihr den Eindruck, gerecht zu sein, aber innen seid ihr voller Heuchelei und Bosheit.

Menschlicher Vertreter des Gottes des Reiches Konstantins

Jedoch waren sie noch nicht fertig. Sie mussten noch auswählen, wer der Vertreter des erschaffenen Gottes des Reiches Konstantins auf der Erde sein würde, das heißt sein sterblicher, menschlicher Vertreter.

Dies waren die wichtigsten Namen der Männer, die für die Position des sterblichen Vertreters des neuen Gottes des Reiches genannt wurden, den die Pharisäer, Schriftgelehrten und ökumenischen Führer als ihren Vertreter auf der Erde vorschlugen.

Zarathustra, Thothma, Abraham, Brahma, Atys, Thammus, Joshu, Sakaya, Habron, Bali, Crite, Chrisna, Thulis, Wittoba und Speio. Zusätzlich zu einer Liste von sechsundvierzig Namen.

Während zwölf Monaten diskutierten sie, ohne zu einer Einigung darüber zu gelangen, wer der sterbliche Vertreter sein würde. Daher schloss Kaiser Konstantin daraus, dass die Götter sie nicht einen anderen Mann wählen lassen würden, und in diesem Moment einigten sie sich auf den Namen Iesu (Iesus, jesus) oder hesus (esus) gallo-keltischer Gott, besser bekannt als Herr. So erschufen sie eine Kombination der Anbetung: Ie bedeutet Heil und seine Version von Zeus; oder Heil hesus, sodass sie den moralischen Vertreter erschufen, indem sie den Gott der Mythologie priesen und die lateinische Version oder Kombination des Namens „Jesus" verwendeten. Sie beschlossen daraufhin, alle Bücher und Texte mit dem neuen Namen zu ändern und zu aktualisieren. Ihr könnt diese Information im verborgenen Buch von Eskra lesen. Andererseits beschlossen sie auch, alle Namen mit I zu ändern und das J als Teil des Alphabets einzuführen. Einige Namen sind:

Iesus (jesus), Iupiter (jupiter) Iune (juno – juni).

Somit war der neue Gott des Reiches erschaffen worden:

Iesus Kriste Hesus Krishna

Iesus Cristo Jesus Christus

Johannes 5:43 Ich (YAHUSHA) bin im Namen meines Vaters (YAHUAH) gekommen, und ihr nehmt mich nicht an; wenn ein anderer in seinem eigenen Namen kommt, den werdet ihr annehmen. Dies sind wortwörtliche Worte unseres Retters YAHUSHA, in denen er uns die harte Wahrheit sagt: Den die Welt empfing und akzeptierte, ist der von Menschen erschaffene Retter und nicht der wahre YAHUSHA.

Zusammenfassend erschufen Konstantin und das Konzil von Nicäa den Gott, den sie für das römische Reich wollten, und den Gott, den die folgenden Generationen anbeten würden, denselben Gott, den man uns allen seit unserer Kindheit zu verehren lehrte. Sie entschieden, die Wahrheit zu verändern und sie für ihre eigenen persönlichen Vorteile und die des Reiches zu verkleiden. Als Folge davon stehen alle Generationen seit damals bis zum heutigen Tag weiterhin unter dem Zauber Konstantins und seiner Führer.

Das heißt, wenn wir singen, beten, preisen und die Titel verwenden, die durch das Dekret und die Lehre des Kaisers Konstantin gegeben wurden; geben wir den heidnischen Göttern unsere Gebete und Lobpreisungen, indem wir denken, dass es unserem Schöpfer gilt.

Viele sagen, YAHUAH kennt mein Herz und das ist es, was zählt. Natürlich kennt YAHUAH das Herz eines jeden und in seiner großen Barmherzigkeit gibt er uns noch immer, aber wir bitten nicht YAHUAH und deshalb erhalten wir nicht alles, worum wir bitten.

Erinnert euch an das Beispiel, das ich euch sagte; wenn jemand dich mit einem anderen Namen ruft, antwortest du? Und wenn sie dich bitten, indem sie dich mit einem anderen Namen nennen, gibst du ihnen dann? Lasst uns realistisch und aufrichtig sein und aufhören mit so vielen Ausreden, die nur ins Verderben führen.

Am Ende des Tages, wen rufst du an? Entweder rufst du den wahren Schöpfer YAHUAH ALOHIYM an oder du rufst die vom Menschen erschaffenen Gottheiten oder Namen an. Vergiss nicht, es ist deine Entscheidung und nur du bist verantwortlich für deine Handlungen. Niemand wird Rechenschaft oder Entschuldigungen für dich geben. Dies ist nur für den, der an YAHUSHA glaubt.

KAPITEL VII
Die Ersten Bibeln

Die Kontroversen, Aufstände und Spaltungen, die in jenem Jahr geschaffen wurden, dauerten vom Jahr 325 n. Chr. bis zum Jahr 500 und etwas n. Chr. an. Wir müssen daran erinnern, dass die Bibel noch nicht in andere Sprachen übersetzt worden war, geschweige denn ins Spanische. Damals existierte die Septuaginta oder LXX, eine griechische Version, übersetzt von den Ptolemäern (285 – 246 n. Chr.).

Damals, ungefähr im Jahr 328 n. Chr., übersetzte der Heilige Hieronymus die Vulgata-Bibel aus dem Griechischen (LXX) ins Lateinische und verwendete den neuen Namen des Gottes, der für die Welt und die Menschheit von Konstantin und dem Konzil von Nicäa erschaffen worden war. Zu jener Zeit existierte noch keine Bibel auf Spanisch; erst im Jahr 1280 ordnete König Alfons an, dass die Bibel ins Spanische übersetzt werden sollte, und die Alfonsinische Bibel wurde erschaffen, direkt aus der lateinischen Vulgata-Version übersetzt.

Da dieselbe aus dem Lateinischen übersetzt wurde, wurde sie zu einer Version, in der viele der Phrasen und Namen verloren gingen, und alle Änderungen hinzugefügt wurden, die bereits vereinbart worden waren. Dann erschienen einige junge Männer namens Casiodoro de Reina und Cipriano de Valera im Kloster San Isidoro del Campo des Hieronymitenordens, die entschlossen waren, die Bibel in die gewöhnliche Sprache zu übersetzen. Jedoch wurden sie im Jahr 1557 als Ketzer verfolgt.

Im Registerbuch der Einwohner von Genf jener Jahre wird darauf hingewiesen, dass am 14. Oktober 1557 vier sevillanische Einwanderer registriert wurden und am 10. Oktober 1558 neun weitere Einwanderer. Da die Inquisition Casiodoro de Reina vor seiner Flucht nicht fangen konnte, verbrannten sie ihn in effigie (dargestellt in einem Bild) in einem Glaubensakt im Jahr 1562 in Sevilla.

Am 28. September 1569 veröffentlichte Casiodoro de Reina, der zu diesem Zeitpunkt ungefähr 49 Jahre alt war, in Basel (Schweiz) die Bärenbibel: Die erste vollständige Übersetzung der Bibel ins Kastilische.

Später, im Jahr 1602, veröffentlichte sein Fluchtgefährte Cipriano de Valera aus dem Kloster San Isidoro del Campo die erste Überarbeitung der Übersetzung von Casiodoro de Reina, die sogenannte Krugbibel. Die späteren Überarbeitungen wurden unter dem Namen Reina-Valera nach ihren Nachnamen bekannt. Dies ist die Bibel, die heute in den lateinsprachigen Ländern am meisten verwendet wird.

Es ist zu beachten, dass all diese Versionen der Bibel bereits von den Entscheidungen des Konzils von Nicäa und ihrem von ihnen erschaffenen Gott durchdrungen oder erfüllt waren, da alle Übersetzungen aus der lateinischen Vulgata-Version oder aus der griechischen LXX-Version kamen. Keine dieser Versionen basierte direkt auf der Wahrheit des hebräischen Textes.

So kennt die gesamte Menschheit die von Konstantin und seinen Regenten erschaffene Version. Erinnert euch daran, dass es in jenen Zeiten weder erlaubt war, die Bibel zu lesen noch sie zu teilen, da dies das Privileg weniger war (der religiösen Führer des römischen Reiches und der von Konstantin erschaffenen Kirche–Staat-Verschmelzung). Mit anderen Worten kontrollierte die katholische Kirche alles unter dem Mandat Konstantins.

Nichtsdestotrotz wurde trotz all dieser Versuche der ursprüngliche hebräische Text über die kommenden Jahrhunderte und Jahre hinweg unversehrt bewahrt. Sie konnten nur die übersetzten Versionen ändern, aber niemals den ursprünglichen Text mit den Verordnungen YAHUAHS und Seinem eigenen Volk gegebenen Wort.

Diese Daten stehen jeder Person zur Verfügung, die die Wahrheit suchen möchte und wünscht. Dennoch ist die Wahrheit nicht für jedermann; es ist einfacher, in Täuschung und Lüge zu leben, als frei zu sein und die Wahrheit zu kennen.

Johannes 8:32 und ihr werdet die Wahrheit erkennen, und die Wahrheit wird euch frei machen.

Wie wir in der Geschichte sehen können und wie ihr selbst in den Links am Seitenende lesen könnt, sind der von den Menschen erschaffene Gott oder die diesem Gott gegebenen Namen nicht der korrekte Name unseres Retters oder Erlösers. Das ist nicht der Name unseres Retters, der Name unseres Retters trägt den Namen des Vaters YAHUAH und ist auf Hebräisch, er ist weder griechisch noch lateinisch noch hispanisch noch irgendeiner anderen Rasse. Sein wahrer Name ist YAHUSHA.

KAPITEL VIII
Verschiedene Arten von Kalendern

Zuerst einmal wollen wir einige wichtige Daten über die verschiedenen Arten von Kalendern betrachten, die der Leitfaden oder Kompass gewesen sind, den die Menschheit verwendet hat, um bestimmte Zeiten, feierliche Daten und Feste zu bestimmen. Einige Kalender basierten auf dem, was an den Sternen, dem Himmel, der Position der Planeten, dem Mond und der Sonne beobachtet wurde. Daraus entstehen die verschiedenen Arten von Kalendern:

Mondkalender: Die Rotation des Mondes wird als Grundlage genommen, um die Monate des Jahres zu messen.

Lunisolare Kalender: Erschaffen von den Sumerern oder Babyloniern, in Mesopotamien und dem Nahen Osten. Da sie die Zeit für Ernten und Landwirtschaft berücksichtigen mussten, mussten sie auch die Jahreszeiten beobachten.

Solarkalender: Erschaffen von den Ägyptern, die verstanden, dass ein Jahr 365 Tage dauert und die Monate in 30 Tage unterteilten (12 x 30 = 360 Tage). Da ihnen die Zählung fehlte, um auf 365 Tage zu kommen, verwendeten sie die verbleibenden 5 Tage für Feste oder Feierliche Tage. Sie beobachteten direkt die Sonne als den Hauptstern, Amun–Ra als den Sonnengott und höchste Gottheit Ägyptens. Ihr Kalender basierte auf der Bewegung der Sonne.

Dies sind einige wichtige Notizen über die Kalender, die wir berücksichtigen müssen, bevor wir über den biblischen Kalender sprechen.

Chinesischer Kalender

Jedes Jahr besteht aus 12 Monaten und alle drei Jahre wird ein zusätzlicher Monat hinzugefügt, um die Verschiebung auszugleichen.

Das Datum, an dem das neue Jahr gefeiert wird, ist immer unterschiedlich, da es sich auf den Tag bewegt, an dem der erste Vollmond stattfindet, das heißt zwischen unserem 21. Januar und 21. Februar.

Das Chinesische Neujahr wird am zweiten Neumond nach der Wintersonnenwende gefeiert und folgt einer Legende, in der Buddha und 12 Tiere, die den chinesischen Tierkreiszeichen entsprechen, die Hauptfiguren sind. Die Tiere sind die folgenden: Die Ratte, der Ochse, der Tiger, das Kaninchen, der Drache, die Schlange, das Pferd, die Ziege, der Affe, der Hahn, der Hund und das Schwein.

Islamischer Kalender

Der Islam hat ebenfalls seinen eigenen Kalender, und das Jahr ist etwas kürzer als unseres: 364 Tage, unterteilt in 12 Monate. Dieser Kalender basiert auf der Mondbewegung; jeder Monat beginnt am Tag nach einer Neumondnacht.

Das islamische Mondjahr hat zwischen 354 und 355 Tage, die in Monate von 29 oder 30 Tagen unterteilt sind. Die Tage tragen den Namen ihrer numerischen Reihenfolge: Der Sonntag ist der erste Tag und der Samstag ist der siebte und letzte. Die Ausnahme ist der Freitag, der seinen Namen vom Mittagsgebet erhält, wenn die gesamte islamische Gemeinschaft versucht, sich zu versammeln.

Hindu-Kalender

Dieser richtet sich sowohl nach den solaren als auch nach den lunaren Prinzipien, was zu 12 Monaten führt, die sich nach dem Mond richten und jeweils zwischen 29 und 30 Tage haben. Außerdem wird alle drei Jahre ein zusätzlicher Monat hinzugefügt.

Das indische Jahr ist in 6 Jahreszeiten unterteilt, eine Jahreszeit alle zwei Monate: Vesanta (Frühling), Grichma (Sommer), Varea (Regen), Sarad (Herbst), Hemanta (Winter), Sisiva (Tau).

In Indien wird der Neujahrstag um den 15. April gefeiert, der Moment, an dem nach ihrer Auffassung und ihrem Aberglauben Brahma das Universum erschuf. Dies bedeutet, dass das hinduistische Jahr im Frühling beginnt.

Hebräischer Kalender

Dieser Kalender besteht aus 12 Monaten, obwohl es Schaltjahre gibt, die 13 Monate dauern und alle 3 Jahre stattfinden.

Der hebräische Kalender kombiniert das Sonnenjahr und den Mondmonat. Aus diesem Grund beginnen die Tage mit dem Beginn der Nacht, weshalb der Beginn der Monate durch den Neumond und die Zyklen der Ernten markiert ist.

Das jüdische Neujahr fällt mit dem Beginn des Wirtschaftsjahres im Südwesten Asiens und Nordosten Afrikas zusammen, was den Beginn des landwirtschaftlichen Zyklus markiert.

Die Namen der hebräischen Monate haben ihren Ursprung im alten Babylon, dem Ort, wo sie von den durch König Nebukadnezar II. verbannten Juden übernommen wurden, ein Exil, das 70 Jahre dauerte (586 v. Chr. - 516 v. Chr.). Früher wurden die Monate nur durch ihre numerische Reihenfolge bezeichnet, beginnend im Frühling mit dem ersten Monat, Abib (Nisan). Aber in den Zeiten des Neuen Testaments gab es einen zweiten Kalender für den zivilen oder offiziellen Gebrauch, der mit dem Monat Tischri begann, dessen erster Tag das zivile Neujahr oder Rosch Haschana war, das bis heute weiterhin gültig ist. Es ist zu beachten, dass der hebräische Kalender nicht der biblische Kalender ist.

Dies ist der Kalender mit den Namen der Monate auf Hebräisch und dem Monat oder den Monaten, denen sie im Gregorianischen Kalender entsprechen, das heißt dem Kalender, der heute in der Welt verwendet wird. Ihr werdet sehen können, dass jeder Biblische oder hebräische Monat in zwei Monate des Gregorianischen Kalenders fällt; dies liegt daran, dass der Biblische Monat in den meisten Fällen in die Mitte des Monats im Gregorianischen Kalender fällt und somit immer zwei Monate einnimmt.

Erwähnung des Monats in der Bibel.	**Name des Monats**	**Gemäß dem Gregorianischen Kalender**	**Monate der Feste**
Exodus 12:2-37; 13:4; Nehemia 2:1	Abib	März – April	Passah
Ungesäuerte Brote			
1 Könige 6:1	Ijar oder Zif	April – Mai	
....	Siwan	Mai – Juni	Shabua – Pfingsten
Hesekiel 8:14	Tammus	Juni – Juli	
...	Ab	Juli – August	
Nehemia 6:15	Elul	August – September	Fest der Trompeten
Tag der Sühne			
1 Könige 8:2	Ethanim oder Tischri	September – Oktober	Fest der Laubhütten
1 Könige 6:38	Marcheswan oder Bul	Oktober – November	Fest des achten Tages – Der Große Sabbat
Sacharja 7:1	Kislew	November – Dezember	
...	Tewet	Dezember – Januar	
Sacharja 1:7	Shewat	Januar – Februar	
...	Adar	Februar – März	

Julianischer Kalender

Der julianische Kalender war derjenige, der vor dem gregorianischen verwendet wurde. Zu Ehren von Julius Caesar eingeführt, trat er im Jahr 45 v. Chr. in Kraft. Er hatte ein Jahr, das in 12 Monate unterteilt war, und ebenso wie der gregorianische hatte er einen Schalttag im Februar alle vier Jahre.

Dennoch verlor man mit diesem alle 129 Jahre einen Tag, da er nicht so sehr mit dem Sonnenjahr übereinstimmte. Mit der gregorianischen Reform wurde dieser Fehler korrigiert und jetzt verliert man nur einen Tag alle 3.000 Jahre.

Römischer Kalender

Ursprünglich hatte der römische Kalender 10 Monate (6 Monate zu 30 Tagen und 4 zu 31 Tagen). Der Beginn des Jahres war Martius (Mars oder März), benannt zum Gedenken an den Kriegsgott.

1. Martius: Monat des Mars (März), Kriegsgott, Vater von Romulus und Remus
2. Aprilis: Monat der Öffnung der Blumen.
3. Maius: Monat der Maia (Mai), Göttin des Überflusses
4. Junius: Monat der Juno, Göttin des Hauses und der Familie
5. Quintilis: fünfter Monat
6. Sextilis: sechster Monat
7. September: siebter Monat
8. October: achter Monat
9. November: neunter Monat
10. December: zehnter Monat
11. Januarius: Monat des Janus, Gott der Tore
12. Februarius: Monat der reinigenden Feuer (februa)

Es ist zu beachten, dass der fünfte Monat oder Quintilis zu Iulius (Julius oder Juli) wurde zum Gedenken an Julius Caesar.

Der Monat Sextilis oder sechster wurde zu Augustus oder August zum Gedenken an Octavian Augustus.

Ursprung des Sol Invictus am 25. Dezember

Das Ziel all dieser Änderungen war es, die Vereinigung erreichen zu können und die Verfügung Konstantins zu erfüllen, das Datum des Gottes Mithra, den er anbetete, oder des Sonnengottes als feierliches Datum zu nehmen, damit es über die kommenden Jahrhunderte gefeiert würde.

Die Wintersonnenwende begann seit prähistorischen Zeiten in dem gefeiert zu werden, was heute Europa und Kleinasien ist. Und deshalb wurde in vielen Kulturen, lange vor dem Christentum, der Tag 25 (Dezember) mit dem Geburtstag der Sonne verbunden, mit Festen für verschiedene Gottheiten, die mehrere Religionen inspirierten. Der Gott Mithra war in Rom einer von diesen, ebenso der Sol Invictus, weil der Zyklus des neuen Jahres Weihnachten oder Natalis solis invicti (die Geburt der Unbesiegten Sonne) war.

Während das Fest Dies Natalis Solis Invicti Teil der ältesten römischen Feste wurde, das heißt der Saturnalia, wuchsen sie an Bedeutung. Diese Feste wurden zu Ehren von Saturn, dem Gott der Aussaat, veranstaltet und begannen am 17. Dezember und endeten am 25. desselben Monats. Dies waren Tage der Freude, des Austauschs von Geschenken, großer Bankette, Spiele und der Befreiung von Sklaven.

So wurde der Name dieser heidnischen Feier in den Namen geändert, den wir heute als Weihnachten oder angebliche Geburt des Gottes Konstantins oder des Reiches kennen. Jene Feier zu beobachten war ein Gebot, weshalb das Nichtfeiern oder Nichtbewahren dieses heidnischen Festes damals zu Verfolgung und Tod führte.

Die Tage der Wochen und ihre Widmung

In derselben Epoche (321) und basierend auf dem mesopotamischen Kalender führte Kaiser Konstantin ebenfalls die Sieben-Tage-Woche ein. Außerdem verfügte er, dass der Sonntag (dies solis, Tag der Sonne) ein Ruhetag sein sollte, um den neuen Gott anzubeten. So änderte er den biblischen Ruhetag (Sabbat) in denjenigen, den wir heute als Sonntag oder Tag der Sonne kennen.

Sonntag: dies solis oder Tag der Sonne (Verehrung der Sonne).

Montag: dies lunae oder Tag des Mondes (Verehrung des Mondes).

Dienstag: Martis dies oder Tag des Mars (Kriegsgott).

Mittwoch: Mercurii dies oder Tag des Merkur (Gott des Handels)

Donnerstag: dies Iovis oder Tag des Jupiter (Gott der römischen Mythologie, welcher derselbe ist wie Zeus, griechischer Gott)

Freitag: Veneris dies oder Tag der Venus (Göttin der römischen Mythologie).

Samstag: Der spanische Begriff „sábado“ stammt vom biblischen Latein sabbătum, dieses vom griechischen σάββατον (sábbaton), und dieses vom hebräischen יום השבת (shabat), was „Ruhe“ oder „Ruhetag“ bedeutet. Der einzige Tag, dessen Namen sie nicht ändern konnten noch YAHUAH ihnen erlaubte, ihn zu entweihen, indem sie seinen Namen änderten, war der Samstag. Dieser Tag bewahrt seinen ursprünglichen Namen und bedeutet Ruhe oder Rast. Am Anfang wurden die Tage der Woche nummeriert, da sie keine Namen hatten. In der portugiesischen Sprache werden die ursprünglichen Namen noch bewahrt, mit der Ausnahme, dass sie den Namen des Sonntags einschließen. Aber es war „erster Tag, zweiter, dritter, vierter, fünfter sechster und Samstag oder Shabat“.

Gregorianischer Kalender

Der Gregorianische Kalender ist eine Überarbeitung des Julianischen Kalenders oder eine aktualisierte Version. Er wurde aufgrund der Erklärungen des Konzils von Nicäa eingeführt und wird ab dem Jahr 1582 Gregorianisch genannt und nach dem Namen von Papst Gregor XIII.

Die gregorianische Reform entsteht aus der Notwendigkeit, eine der Vereinbarungen des Konzils von Trient in die Praxis umzusetzen: Den Kalender anzupassen, um die seit dem ersten Konzil von Nicäa entstandene Verschiebung zu beseitigen, das im Jahr 325 gefeiert wurde. Der astrale Moment war festgelegt worden, in dem Ostern gefeiert werden sollte, und in Bezug darauf die anderen beweglichen religiösen Feste.

Zusammengefasst war das Wichtigste die Regelmäßigkeit des liturgischen Kalenders, wofür es notwendig war, bestimmte Korrekturen im zivilen Kalender einzuführen. Im Grunde ging es darum, den zivilen Kalender an das tropische Jahr anzupassen. Dies ist der Kalender, der weltweit akzeptiert und im größten Teil der Welt verwendet wurde.

Bis jetzt haben wir verschiedene Arten von Kalendern gesehen und wie sie alle sich richten, bis sie zum Gregorianischen Kalender gelangen, demjenigen, der in allen Ländern verwendet wird. Wir müssen daran erinnern, dass der Gregorianische Kalender der vom Papst Gregor XIII. erschaffene Kalender ist, mit anderen Worten, er ist der römische und katholische Kalender oder aus der Reform Konstantins hervorgegangen; Sonne und Mond werden beobachtet, um die Zeiten und die Epochen zu erschaffen.

Jedoch setzte sich im Mittelalter und nach dem Fall Roms das Christentum fest durch. Der 1. Januar wurde als ein zu heidnisches Datum betrachtet, deshalb wollten viele Länder, in denen das Christentum dominierte, dass das neue Jahr am 25. März markiert würde.

Schließlich führte Papst Gregor XIII. den gregorianischen Kalender ein und der 1. Januar wurde in den katholischen Ländern wieder als Neujahr eingeführt. In England jedoch, das sich gegen die Autorität des Papstes aufgelehnt hatte und die protestantische Religion bekannte, feierte man weiterhin den 25. März bis zum Jahr 1752.

Biblischer Kalender

Schließlich können wir einige Punkte über den biblischen Kalender teilen, der sich befindet und sich unter den Normen der von YAHUAH seinem Volk gegebenen Schriften richtet. Viele rund um die Welt verwenden diesen Kalender, da er der in der Bibel festgelegte ist und nicht einer, der den Verfügungen der Menschen oder der Institutionen folgt, die nur ihren eigenen Vorteil suchen.

Zum Abschluss sprachen wir zuvor über die verschiedenen Arten existierender Kalender und darüber, wie sich die Menschen durch die Zeiten nach dem Mond, der Sonne, den Sternbildern, den Jahreszeiten und der Natur im Allgemeinen gerichtet haben, um die Zeiten und Epochen und die Tage zu definieren. Am Ende basiert alles darauf, was die Menschen als den Beginn des Tages verstehen.

Beginn des Tages

Zuerst einmal sagen viele, dass der Tag ab Mitternacht beginnt, deshalb ist heutzutage 12:01 bereits Teil des folgenden Tages. Dennoch ist diese Theorie falsch und unrichtig.

Andere sagen, dass der Tag am Abend beginnt, nach 18 Uhr, und deshalb beginnen sie, den Tag ab diesem Moment bis 18 Uhr des nächsten Tages zu zählen. Dies ist ebenfalls eine falsche Theorie.

Andererseits gibt es diejenigen, die sagen, dass der Beginn des Tages mit dem ersten Licht der Sonne ist und den Tag ab den ersten Strahlen der Sonne bis zur Sekunde vor den ersten Strahlen der Sonne des nächsten Morgens oder nächsten Tages beginnen. Diese Theorie ist ebenfalls falsch, dennoch ist sie diejenige, die der Wahrheit am nächsten kommt.

All diese Fehler und Fehlinterpretationen sind Konsequenz der verschiedenen Übersetzungen der Bibel in andere Sprachen. Wir verstehen den verwendeten hebräischen Begriff nicht und gelangen dann zu fehlerhaften Schlussfolgerungen über das Thema oder über den Beginn des Tages. Dennoch ist die Antwort einfacher, als wir glauben, und war immer dort. Tatsächlich wussten unsere Vorfahren, die weder lesen noch schreiben konnten, die Antwort bezüglich dessen, worüber die Menschheit heute verwirrt ist.

Ich erinnere mich perfekt daran, dass Mama und Papa sehr früh in der Morgendämmerung aufstanden, um zu arbeiten, und die Idee war vor dem „Anbruch der Morgenröte". Es ist unglaublich, sie kannten weder Buchstaben noch Studien, aber sie waren in ihren Gedanken nicht verwirrt. Sie wussten, dass der Tag mit der „Morgenröte" begann, nicht mit dem Mond noch mit der Sonne. Sie wussten, dass vor dem Aufgang der Sonne eine Helligkeit erschien, die „Morgenröte" genannt wurde, und diese markierte den Beginn des Tages. „Vom lateinischen albus bezieht sich alba auf die Morgendämmerung oder auf das erste Licht des Tages, bevor die Sonne aufgeht."

Vor der Morgenröte existiert ein Moment der Dunkelheit, was das Ende des vorherigen Tages repräsentiert; dort erscheint dann die Morgenröte, die den Beginn des neuen Tages markiert, und danach erscheint die Sonne. So funktioniert die Natur. Es genügt zu beobachten und sich bewusst zu werden, um zu verstehen, was uns den Beginn eines neuen Tages anzeigt. Dies nennen wir den biblischen Tag gemäß der Schöpfung YAHUAH ALOHIYMS.

Genesis 1:3-5

Und ALOHIYM sprach: Es werde Licht; und es wurde Licht. 4Und ALOHIYM sah, dass das Licht gut war; und ALOHIYM trennte das

Licht von der Finsternis. 5Und ALOHIYM nannte das Licht Tag, und die Finsternis nannte er Nacht.

Es werde Licht und es wurde Licht: Der im Hebräischen verwendete Begriff für das Wort Licht ist Ôr (אוֹר), und bedeutet „Beleuchtung, einschließlich der Strahlen, Glück, Klarheit, Tag, Licht, Morgen und Sonne". Dies sagt uns, dass die Lichter zu diesem Zeitpunkt erschaffen wurden und dass jenes Licht den Beginn des neuen Tages markiert, nicht notwendigerweise die Sonne.

KAPITEL IX

Henker und Verfolger der Anhänger YAHUAHS

Manchmal ist es sehr leicht, die Widrigkeiten und Stürme zu vergessen, die unsere Vorfahren durchgemacht haben, damit wir heutzutage alle Freiheiten haben, die wir besitzen; ich könnte eine Aufzählung seit dem Alten Testament machen. Jedoch werden wir für ein angemesseneres Verständnis mit dem Neuen Testament beginnen.

Zuerst einmal, haben wir etwa die Henker und Vollstrecker YAHUSHAS vergessen? Sie sind tatsächlich dieselben, die die Anhänger YAHUSHAS verfolgten, oder besser gesagt seine Jünger. Erinnern wir uns an Saulus von Tarsus, heute besser bekannt als der Apostel Paulus.

Was war die hauptsächliche Beschäftigung von Saulus? Die Verfolgung der Anhänger YAHUSHAS, da er ein Pharisäer war. Sie sind die Verfolger, Vollstrecker und hauptsächlichen öffentlichen Feinde YAHUAHS, YAHUSHAS und von allem gewesen, was mit unserem Schöpfer und Retter zu tun hatte. Danach verfolgten sie weiterhin die Apostel, die Urkirche und alle Anhänger YAHUSHAS; alle, die den Sabbat und die biblischen Feste hielten.

Offenbarung 3:9 „Siehe, ich übergebe aus der Synagoge des Satans diejenigen, die sagen, sie seien Juden und es nicht sind, sondern lügen; siehe, ich werde machen, dass sie kommen und sich zu deinen Füßen niederwerfen und erkennen, dass ich dich geliebt habe." Sie sagen, das Volk YAHUAHS zu sein, aber in Wirklichkeit sind sie es nicht. Sie wurden ersetzt und aus anderen Nationen in Yasharal eingepflanzt. Als Yasharal erobert wurde, wurden seine Bewohner über die ganze Welt verstreut und sie brachten neue Bewohner aus vielen Nationen, um die Nation Yasharal zu bevölkern.

Dies ist dieselbe Gruppe, die mit Konstantin anwesend war, jene, die durch die Geschichte hindurch alle verfolgt, hingerichtet und eingesperrt hat, die sich ihrem neuen Gott und ihrer neuen Religion widersetzen, wodurch sie folglich die Gebote YAHUAHS, Seinen Ruhetag (Sabbat) und Seine Feste brechen.

YAHUSHA sagt uns viele Dinge über die Pharisäer, und glaubt mir, sie sind nicht gut. Wir lesen manchmal die Bibel, aber wir halten nicht inne, um über das nachzudenken oder zu meditieren, was wir lesen. Schauen wir uns also einige Schlüsselverse an.

Matthäus 23:3 Also, alles, was sie euch sagen zu halten, haltet es und tut es; aber handelt nicht gemäß ihren Werken, denn sie sagen es und tun es nicht.

Matthäus 23:1 Aber wehe euch, Schriftgelehrte und Pharisäer, Heuchler! denn ihr verschließt das Himmelreich vor den Menschen; denn weder geht ihr selbst hinein noch lasst ihr die hineingehen, die hineingehen.

Markus 7:5 Da fragten ihn die Pharisäer und die Schriftgelehrten: Warum wandeln deine Jünger nicht gemäß der Überlieferung der Ältesten, sondern essen Brot mit unreinen Händen? 6Er antwortete und sprach zu ihnen: Heuchler, gut hat Jesaja über euch prophezeit, wie geschrieben steht: Dieses Volk ehrt mich mit den Lippen, aber ihr Herz ist fern von mir.

Gemäß YAHUSHA sollen wir nicht tun, was die Pharisäer tun, da sie ein Hindernis sind, um in das Reich YAHUAHS einzutreten. So sehr sogar, dass sie mit ihren Traditionen den Eintritt in das Reich YAHUAHS blockieren. Schauen wir uns einige der hauptsächlichen Merkmale der Schriftgelehrten und Pharisäer gemäß Matthäus 23 an.

Heuchler: Mit ihren Traditionen, Doktrinen und Ritualen widersprechen sie dem Gesetz YAHUAHS. Alles, was sie tun, ist ein Spektakel, damit die anderen sie sehen, und so täuschen und entfernen sie die Menschen von YAHUAH. 14 Wehe euch, Schriftgelehrte und

Pharisäer, Heuchler! denn ihr verschlingt die Häuser der Witwen und haltet zum Vorwand lange Gebete; deshalb werdet ihr größere Verdammnis empfangen.

Sie verschließen das Himmelreich: Sie halten die Menschen außerhalb des Reiches; sie sind Stolpersteine und werfen die Menschen aus den Synagogen hinaus. 13Aber wehe euch, Schriftgelehrte und Pharisäer, Heuchler! Denn ihr verschließt das Himmelreich vor den Menschen; denn weder geht ihr selbst hinein noch lasst ihr die hineingehen, die hineingehen.

Sie verdrehen die Schriften: Sie verdrehen die Schriften gemäß ihrer eigenen Bequemlichkeit und erschaffen so angebliche Schlupflöcher mit dem Ziel, die Gebote zu brechen. 16 Wehe euch, blinde Führer! die ihr sagt: Wenn jemand beim Tempel schwört, ist es nichts; aber wenn jemand beim Gold des Tempels schwört, ist er schuldig.

Führer der Blinden: Sie praktizieren weder Gerechtigkeit noch sind sie barmherzig. 23 Wehe euch, Schriftgelehrte und Pharisäer, Heuchler! denn ihr verzehntet die Minze und den Dill und den Kümmel und lasst das Wichtigste des Gesetzes außer Acht: Die Gerechtigkeit, die Barmherzigkeit und den Glauben. Dies war notwendig zu tun, ohne jenes zu unterlassen. 24 Blinde Führer, die ihr die Mücke seiht und das Kamel verschluckt!

Scheinheilige und selbstnachsichtige: Da sie scheinheilig sind und glauben, die Besten zu sein, suchen sie Fehler bei den anderen. 25 Wehe euch, Schriftgelehrte und Pharisäer, Heuchler! denn ihr reinigt das Äußere des Bechers und der Schüssel, aber innen seid ihr voller Raub und Ungerechtigkeit. 26 Blinder Pharisäer! Reinige zuerst das Innere des Bechers und der Schüssel, damit auch das Äußere rein werde.

Geistlich Tote und Unreine: Sie sind geistlich tot, daher können sie nur zum geistlichen Tod derjenigen führen, die ihnen folgen. 27 Wehe euch, Schriftgelehrte und Pharisäer, Heuchler! denn ihr seid wie übertünchte Gräber, die von außen zwar schön erscheinen, aber innen voller Totengebeine und aller Unreinheit sind.

Sie werden dem Feuer der Hölle nicht entkommen: Sie sind Schlangen und Otterngezücht, weshalb sie kein Entkommen haben werden. Ebenso wollen sie, da sie wissen, dass ihre Tage gezählt sind, die gesamte Menschheit mit sich ziehen. 33 Schlangen, Otterngezücht! Wie werdet ihr dem Urteil der Hölle entkommen?

Mörder: Sie beklagten sich, dass ihre Vorfahren die Urheber des Todes der Propheten gewesen seien; dennoch waren sie selbst die Anstifter, Henker und Vollstrecker. So brachten sie unseren Retter YAHUSHA zum Tod, verfolgten die Jünger und Apostel und verfolgen weiterhin und werden weiterhin die Anhänger YAHUSHAS verfolgen. 34Darum siehe, ich sende euch Propheten und Weise und Schriftgelehrte; und einige von ihnen werdet ihr töten und Pfahligen, und andere werdet ihr in euren Synagogen geißeln und von Stadt zu Stadt verfolgen.

Vielleicht denken viele, dass die Pharisäer und Schriftgelehrten mit der Zeit aufgehört haben zu existieren, aber leider ist das nicht so. Sie änderten einfach ihre Organisation oder ihren Namen und übernahmen sogar noch mehr Macht in der Welt. Als Folge davon schufen sie Chaos und verdarben die Gebote YAHUAHS. Wir müssen nur die Kirchengeschichte oder allgemeine Geschichte lesen, um die Realität zu erkennen.

Als die Pharisäer und Schriftgelehrten in unserem Jahrhundert sahen, dass sie die Massaker der Vergangenheit nicht mehr aufhalten oder fortsetzen konnten, versteckten sie sich hinter dem römischen Reich und beschlossen, diesen Vers buchstabengetreu zu erfüllen, Matthäus 7:15 Hütet euch vor den falschen Propheten, die in Schafskleidern zu euch kommen, aber innerlich reißende Wölfe sind.

Sie verkleideten sich dann als Anhänger (Schafe) YAHUAHS, um so die wahren Schafe von innen heraus zu zersetzen, zu verderben und zu verunreinigen, da diese nicht erkennen, dass sie reißende Wölfe sind, deren einziges Ziel es ist, die Menschheit von YAHUAH zu entfernen und sie auf den breiten Weg zu führen, der nur ins Verderben führt. Sie, gekleidet als Schafe, obwohl Wölfe in ihrem Inneren, werden die Menschheit weiterhin verfolgen und verwirren bis zum Ende der Zeiten. Matthäus 24:22Und wenn jene Tage nicht verkürzt würden, würde niemand gerettet werden; aber um der Auserwählten willen werden jene Tage verkürzt werden. Die Täuschung und der Betrug sind so groß, dass sogar die Auserwählten getäuscht würden. Matthäus 24:24Denn falsche Messiasse und falsche Propheten werden aufstehen und große Zeichen und Wunder tun, sodass sie, wenn möglich, sogar die Auserwählten täuschen werden.

Nichtsdestotrotz vergessen diese reißenden Wölfe und die Menschheit im Allgemeinen etwas sehr Wichtiges, 2 Petrus 3:8Aber, Geliebte, seid euch dessen nicht unbewusst: Dass für YAHUSHA (YAHUAH) ein Tag wie tausend Jahre ist und tausend Jahre wie ein Tag.

Die goldene Regel, die wir alle übersehen und vergessen haben, ist, dass für YAHUAH ein Tag wie tausend Jahre und tausend Jahre wie ein Tag sind. Die Täuschungen, die Betrügereien und die Listigkeiten kommen an ihr Ende ebenso wie die Zeit, die der Menschheit bleibt. Die Sünde wird ihre gerechte Vergeltung haben und dieses Mal wird sie dauerhaft sein. Genesis 2:17 aber vom Baum der Erkenntnis des Guten und des Bösen sollst du nicht essen; denn an dem Tag, da du davon isst, wirst du gewiss sterben.

Dies war die Warnung, die Adam gegeben wurde, und die Menschheit hat vergessen, dass YAHUAH sagte, dass der Mensch an demselben Tag, an dem er sündigte oder vom Baum aß, sterben würde. Es ist wichtig hervorzuheben, dass er nicht von einem geistlichen Tod sprach, wie einige sagen, sondern dass er sich auf den physischen Tod bezog. Dies ist der Grund, warum es keinen Menschen gibt, der tausend Jahre alt geworden ist (ein Tag für YAHUAH), denn an demselben Tag, an dem wir geboren werden, sterben wir, und das ist dank der Erbsünde.

Dies zeigt uns, dass YAHUAH nicht entspannt ist und dass dies kein Spiel ist. Einige sagen, aber warum erlaubt YAHUAH so viele Dinge? Was wir nicht verstehen, ist, dass die Menschheit für YAHUAH noch keine 6 Tage (6.000 Jahre) erfüllt hat.

Genauso wie YAHUAH in 6 Tagen alles erschuf, was existiert (mit Ausnahme der Dämonen, die eine Schöpfung des Menschen und der Engel waren), gibt er seiner Schöpfung sechs Tage, damit sie zu ihrem Ursprung zurückkehrt. Das Problem ist, dass wir so eigenartig sind, dass wir uns, anstatt uns YAHUAH zuzuwenden, dem Bösen zuwenden und so YAHUAH zwingen, die Welt noch einmal zu zerstören, aber dieses Mal mit Feuer, wie er es mit Sodom und Gomorra tat.

Vergesst nicht, dass wir fast am Ende des sechsten Tages der Schöpfung angekommen sind (ungefähr 6.895 tausend Jahre). Das bedeutet, dass, obwohl viele es für Verzögerung halten, das Ende näher kommt und näher ist, als wir denken. Der siebte Tag oder Sabbat (shabbbath) ist der Ruhetag für YAHUAH, es ist die Zeit, wenn YAHUSHA seine Herrschaft während eines Tages (tausend Jahre) genießen wird. Dann wird das Ende kommen.

Götzen

Dies ist die Definition des Wortes Götze gemäß der RAE: „Bild einer Gottheit als Objekt der Verehrung. Person oder Sache, die mit Überschwang geliebt oder bewundert wird."

Dies zeigt uns, dass jede Gottheit oder jeder angebliche Gott, der Gegenstand von Verehrung oder Ehrfurcht ist, ein Götze ist, einschließlich jeder Person oder Sache, die wir in einer Weise erhöht haben, dass wir ihr Verehrung oder Ehrfurcht entgegenbringen und sie den Platz YAHUAHS in unserem Leben einnehmen lassen.

So sehr sogar, dass der Begriff Götze in der gesamten Menschheit eine neue Wendung genommen hat, bis zu dem Punkt, dass es nicht seltsam ist zu hören „das ist mein Idol", in Bezug auf eine öffentliche Figur, Künstler und andere Berühmtheiten. Ein Götze ist in der Bibel auch als „falscher Gott oder falsche Götter" bekannt.

Das heißt, dass der in der Bibel am meisten verabscheute Begriff etwas Gewöhnliches und Normales in unserer Gesellschaft geworden ist. Wir schließen also daraus, dass ein Götze dann entsteht, wenn etwas oder jemand für uns wichtiger wird als YAHUAH.

Levitikus 26:2 Ihr sollt euch keine Götzen machen noch Bildnisse noch euch Standbilder aufrichten noch in eurem Land bemalte Steine aufstellen, um euch davor niederzuwerfen; denn ich bin YAHUAH euer ALOHIYM.

Das für Götze verwendete Wort ist Ĕlîyl (אֱלִיל) und bedeutet „zu nichts gut, leer oder Eitelkeit; Götze, wertlos, Sache des Nichts." Dies ist ein Götze gemäß der Bibel und gemäß dem hebräischen Text; mit anderen Worten, die Menschen tauschen YAHUAH gegen nichts aus, etwas, das zu nichts gut und wertlos ist.

Götzendienst

Götzendienst ist die Anbetung eines Götzen oder Bildes einer Gottheit oder ihr Verehrung anzubieten. Diese Gottheit oder dieser Götze nimmt den Platz YAHUAHS ein und wird angebetet, als wäre er es, das heißt, es ist die Verehrung, Liebe oder Anbetung eines Götzen.

Wenn wir unsere Bibel sorgfältig lesen, gibt es nicht eine einzige gute oder positive Referenz über den Götzendienst. Tatsächlich wird diese Praxis in der gesamten Bibel entschieden verurteilt. So sehr sogar, dass das erste Gebot gegen diese so abscheuliche Praxis gerichtet ist.

Exodus 20:3-5 Du sollst keine anderen Götter vor mir haben. Du sollst dir kein Bildnis machen noch irgendein Gleichnis von dem, was oben im Himmel oder unten auf der Erde oder in den Wassern unter der Erde ist. Du sollst dich nicht vor ihnen niederwerfen noch sie ehren; denn ich bin YAHUAH dein ALOHIYM, stark, eifersüchtig, der die Bosheit der Väter an den Kindern heimsucht bis zur dritten und vierten Generation derer, die mich hassen.

Wenn wir sagen, dass wir an die Bibel glauben und sie häufig lesen, behaupten wir auch, die Gebote zu kennen, welche dieselben in der ganzen Welt sind, mit Ausnahme irgendeiner religiösen Institution, die sie verkürzt oder einige Teile entfernt hat. Dennoch sind es am Ende dieselben Gebote für die gesamte Menschheit.

Wie kommt es, dass wir noch immer in dieser abscheulichen Praxis des Götzendienstes bleiben? Die Götzen und der Götzendienst sind das hauptsächliche Problem des Volkes YAHUAHS gewesen, weil sich der Mensch seit dem Fall mit anderen falschen Göttern prostituiert, ihnen Verehrung darbringt und die Gesetze, Vorschriften und Satzungen YAHUAHS vergisst.

Manchmal wollen wir uns als scheinheilig darstellen und das Volk Yasharal wegen seiner ständigen Prostitution mit heidnischen Göttern und des Vergessens seines Schöpfers YAHUAH verurteilen; dennoch, welchen Unterschied gibt es heute?

Wir sind genauso oder schlimmer und wenn wir den Strick um den Hals haben, weil wir die Probleme oder Unterdrückung nicht mehr ertragen, dann rufen wir zu YAHUAH, damit er uns befreit. Und dank seiner unendlichen Güte befreit uns YAHUAH. Und mit der Zeit sind wir gesegnet und erfolgreich, und wir vergessen YAHUAH wieder und prostituieren uns mit heidnischen Göttern, und der Zyklus wiederholt sich jeden Tag unseres Lebens. Lasst uns reflektieren und zur Besinnung kommen, bevor es zu spät ist.

Falsche oder heidnische Götter in der Bibel

Dies ist eine Liste der wichtigsten falschen oder heidnischen Götter, die in der Bibel gefunden werden. Ihr könnt die biblischen Verse für weitere Informationen besuchen oder im Internet suchen, um irgendein Detail über diese heidnischen Gottheiten zu erfahren.

2 Könige 17:31	**2 Könige 17:30**	**2 Könige 1:1-6**	**2 Könige 19:37**	**2 Könige 5:18**	**1 Könige 11:5**
Nibhaz	Sucot-benot	Baal-zebub	Nisroc	Rimón	Astoret
Tartac	Nergal	(Beelzebub)			Milcom
Adramelec	Asima				
Anamelec					
Exodus 34:13	**Jeremia 7:9**	**Richter 16:23**	**Jesaja 46:2**	**Hesekiel 8:14**	**Apostelgeschichte 14:12 & 19:24**
Asera (Astarte)	*Baal (es existieren viele Kombinationen mit dem Namen dieser Gottheit)	Dagón	Bel	Tamuz	Jupiter
			Nebo		Merkur
					Diana (Artemis)

Genesis 32:24 So blieb Jakob allein; und ein Mann kämpfte mit ihm, bis die Morgenröte anbrach.

Genesis 32:26 Und er sprach: Lass mich gehen, denn die Morgenröte bricht an. Und Jakob antwortete ihm: Ich lasse dich nicht gehen, wenn du mich nicht segnest.

Im Vers 24 und 26 sagt es uns „bis die Morgenröte anbrach“, jedoch verwendet es im Hebräischen den Begriff Ălâh (עָלָה), was aufsteigen, sich erheben bedeutet, und der zweite verwendete Begriff für das

Wort Morgenröte ist Shachar (שַׁחַר), was Morgendämmerung oder Morgenröte bedeutet: - früher Tag, Licht des Morgens, von wo es herauskommt.

Was wir buchstäblich in diesen Versen sehen, ist der Beginn des Tages oder das erste Licht des Tages oder der Anfang des Tages, was gleichbedeutend ist mit dem Anbruch der Morgenröte. Also ist es vollkommen verständlich und sichtbar, dass der Tag mit dem Anbruch der Morgenröte oder mit dem Erheben des ersten Lichtes des Morgens beginnt.

Erinnert euch daran, dass in Genesis 1 alles am ersten Tag der Schöpfung mit dem Licht begann. Vergesst auch nicht, dass es keinen Sonnenaufgang bis zum vierten Tag der Schöpfung gab.

Deshalb beobachten und beginnen viele von uns unsere Tage mit dem Anbruch der Morgenröte, mit dem ersten Licht der Morgenröte, das heißt gemäß der Bibel.

Dies bewirkt, dass der biblische Kalender auf andere Daten fällt als der gregorianische Kalender, da alle Monate der Bibel 30 Tage haben (12 x 30 = 360). Die meisten der 7 wichtigsten biblischen Feste fallen auf andere Daten im Gregorianischen Kalender. Zum Beispiel ist der erste Monat des Jahres gemäß der Bibel und gemäß den Worten YAHUAHS März – April des Gregorianischen Kalenders. Das heißt, der Monat Abib. Exodus 12:2 Dieser Monat soll euch der Anfang der Monate sein; für euch soll dieser der erste der Monate des Jahres sein.

Im Buch der Jubiläen lesen wir die folgenden Verse, um verstehen zu können, wie die Welt ist.

Jubiläen 6:36 Denn es wird diejenigen geben, die sicherlich Beobachtungen des Mondes machen werden, wie (er) die Jahreszeiten stört und von Jahr zu Jahr zehn Tage früher kommt. 37Deshalb werden Jahre über sie kommen, in denen sie (die Ordnung) stören werden, und sie werden den Tag des Zeugnisses zu einem abscheulichen Tag machen und den unreinen Tag zum Festtag, und sie werden alle Tage verwechseln, den heiligen mit dem unreinen und den unreinen Tag mit dem heiligen; denn sie werden sich hinsichtlich der Monate und Sabbate und Feste und Jubiläen irren. 38Deshalb befehle ich dir und gebe dir Zeugnis, damit du ihnen Zeugnis gibst; denn nach deinem Tod werden deine Kinder sie stören, sodass sie das Jahr nicht nur dreihundertvierundsechzig Tage (364) machen werden, und aus diesem Grund werden sie sich hinsichtlich der Neumonde und Jahreszeiten und Sabbate und Festlichkeiten irren, und sie werden jede Art von Blut mit jeder Art von Fleisch essen.

In diesen Versen können wir einige wichtige Punkte sehen, denen wir Aufmerksamkeit schenken sollten.

Beobachtungen des Mondes: Diejenigen, die Kulte regieren und dem Mond als Gottheit Anbetung geben.

Unreiner Tag des Festtages: Diejenigen, die die Feste YAHUAHS durch heidnische Feste verdorben und ihre Daten (Tage und Monate) verändert haben und somit die Welt dazu bringen, ihre heidnischen Feste zu feiern.

Sie werden die Tage verwechseln, den heiligen mit dem unreinen… sie werden sich hinsichtlich der Monate, Sabbate, Feste und Jubiläen irren: Genau dasselbe, was wir heutzutage sehen, die Menschen machen keinen Unterschied mehr zwischen dem heiligen Tag und dem unreinen Tag. Alle Tage sind gleich für die Welt, der Samstag ist für sie nicht mehr der Ruhetag, weil sie ihn verändert haben; ebenso haben sie sogar die Feste abgeschafft und es gibt keine Jubiläen mehr.

Diese Verse erzählen von unserer Zeit und davon, wie die Welt heute ist. Lasst uns reflektieren, nachdenken, erforschen, das Gute festhalten und handeln, bevor es zu spät ist.

KAPITEL X
Die Erlösung

Viele sind verwirrt und fragen sich, wie die Menschen im Alten Testament gerettet werden konnten; aber die Erlösung hat sich niemals verändert, sie war immer dieselbe.

Epheser 2:8 Denn aus Gnade seid ihr gerettet durch den Glauben; und das nicht aus euch, denn es ist die Gabe ALOHIYMS. 9 nicht aus Werken, damit niemand sich rühme.

Habakuk 2:4 Siehe, derjenige, dessen Seele nicht aufrichtig ist, ist stolz; aber der Gerechte wird durch seinen Glauben leben.

Die Gnade durch den Glauben ist der Schlüssel zur Erlösung. Wenn wir verstehen, dass wir durch Gnade gerettet sind und dies ein kostenloses und unverdientes Geschenk ist, das direkt von YAHUAH kommt, dann sind wir gerettet. Das rettende Opfer, das zur Vergebung unserer Sünden durch den Tod unseres Retters YAHUSHA vollbracht wurde, gibt uns Zugang zum Thron der Gnade und zur Erlösung oder zum ewigen Leben.

Johannes 14:6 YAHUSHA sprach zu ihm: Ich bin der Weg und die Wahrheit und das Leben; niemand kommt zum Vater (YAHUAH) außer durch mich (YAHUSHA).

YAHUSHA ist der einzige Weg oder die einzige Weise, zum Thron der Gnade zu gelangen und von unserem Schöpfer YAHUAH angenommen zu werden und so die Erlösung für unsere Seelen zu erhalten. Wenn wir YAHUSHA als unseren Retter annehmen, rettet und erlöst uns vom selben Augenblick an das Blut YAHUSHAS, das am Pfahl vergossen wurde. Dann sieht YAHUAH, wenn er uns ansieht, das von YAHUSHA vergossene Blut und die Gnade, die uns in seinem Opfer gegeben wurde; anstatt unsere Fehler und Unreinheiten zu sehen.

Wie kannst du gerettet werden? Die Antwort ist in diesen biblischen Versen klar. Apostelgeschichte 16:30 und indem er sie hinausführte, sagte er: Herren, was muss ich tun, um gerettet zu werden? 31 Sie sagten: Glaube an den Meister YAHUSHA den Messias, und du wirst gerettet werden, du und dein Haus. Noch einmal, du musst nur an YAHUSHA den Messias glauben, ihn mit deinem Mund bekennen und mit deinem Herzen glauben. Das ist die Erlösung.

Vergessen wir nicht, dass die Erlösung eine zukünftige Bedeutung hat und dies ist die Gewissheit, die wir alle suchen. Wir alle wollen wissen, wo wir die Ewigkeit verbringen werden. Wenn wir über die Erlösung sprechen, beziehen wir uns meistens auf den zukünftigen oder ewigen Zustand unserer Seelen.

Dies ist die Frage, die in unseren Gedanken kreist: Wird es in der Hölle oder im Himmel sein? Oder wo wird es sein? Wir müssen einige wichtige Punkte beachten, um das endgültige Schicksal jeder Person besser zu verstehen.

Wenn eine Person stirbt, tritt sie gemäß YAHUSHA in einen Schlafzustand ein. Johannes 11:11 Nachdem er dies gesagt hatte, sagte er danach zu ihnen: Unser Freund Lazarus schläft; aber ich gehe hin, um ihn aufzuwecken.

Wir sind wie die Jünger, die nicht verstanden, als YAHUSHA ihnen sagte, dass Lazarus schlief; aber YAHUSHA sagte ihnen, dass er tot war, weil wir beim Sterben in eine Schlafphase eintreten.

Nirgendwo in der Bibel steht geschrieben, dass wir in den Himmel gehen, wenn wir sterben; dies ist kein biblischer Glaube. So sehr sogar, dass die Bibel nicht sagt, dass wir in irgendeinem Zustand oder Moment unserer Existenz in den Himmel gehen. Der Himmel wurde nicht für die Menschen geschaffen, die Erde ist der Ort, den YAHUAH für uns geschaffen hat. So sehr sogar, dass YAHUSHA das neue Jerusalem auf die Erde bringt, um mit uns zu wohnen.

Beim Sterben treten wir in das Grab oder die Grabkammer (Schlafzustand) ein, wo wir auf die Auferstehung warten. Johannes 5:28 Wundert euch nicht darüber; denn die Stunde kommt, in der alle, die in den Gräbern sind, seine Stimme hören werden; 29 und die, die das Gute getan haben, werden zur Auferstehung des Lebens hervorgehen; aber die, die das Böse getan haben, zur Auferstehung der Verdammnis. Alle hören wir seine Stimme, aber einige werden zur ewigen Verdammnis und andere zur ewigen Erlösung auferstehen.

Diejenigen von uns, die zum ewigen Leben auferstehen, werden unsere Ewigkeit im neuen Jerusalem verbringen (nicht im Himmel), vielmehr im Tabernakel YAHUAHS, welcher das Neue Jerusalem ist, das vom Himmel herabkommt. Diejenigen, die zur Verdammnis auferstehen, diejenigen, deren Namen nicht im Buch des Lebens gefunden werden, werden dann vom ewigen Feuer verzehrt werden. Matthäus 25:46 Und diese werden in die ewige Strafe gehen, die Gerechten aber in das ewige Leben.

Fassen wir zusammen:

Die Erlösung wird nur durch das Blut erlangt, das am Pfahl von Golgatha zur Vergebung unserer Sünden vergossen wurde. Das heißt, nur YAHUSHA gewährt uns Erlösung, niemand und nichts anderes.

Wenn wir sterben, treten wir in einen Schlafzustand ein. Weder gehst du in den Himmel noch gehst du in die Hölle. Du gehst direkt in die Grabkammer, wo du darauf warten wirst, am Tag des Jüngsten Gerichts gerichtet zu werden. Prediger 9:5-6 Denn die Lebenden wissen, dass sie sterben werden; aber die Toten wissen nichts und haben keinen weiteren Lohn; denn ihr Gedächtnis ist vergessen. 6Auch ihre Liebe und ihr Hass und ihr Neid sind schon vergangen;

und niemals mehr werden sie Anteil haben an allem, was unter der Sonne getan wird. Und da wir schlafen, gibt es nichts mehr, was getan werden kann, du hast nur die Gelegenheit, solange du lebst. Der Tote fühlt und leidet nicht. Nur solange du lebst, kannst du es tun, wählen, wem du dienen willst. Den breiten oder den schmalen Weg wählen.

Bei der Zweiten Wiederkunft YAHUSHAS werden diejenigen von uns, die gestorben sind und ihm als unserem Retter gefolgt sind, auferweckt werden, und diejenigen von uns, die in diesem Moment lebendig sind und ihm von Herzen dienen, werden in den Wolken erhoben werden, um uns mit unserem Retter zu vereinen. 1 Thessalonicher 4:16-17 Denn YAHUSHA selbst wird mit Befehlsruf, mit Stimme eines Erzengels und mit der Posaune ALOHIYMS vom Himmel herabkommen; und die Toten im Messias werden zuerst auferstehen. 17Danach werden wir, die wir leben, die übrig geblieben sind, gemeinsam mit ihnen in den Wolken entrückt werden, um YAHUSHA in der Luft zu empfangen, und so werden wir immer mit YAHUSHA sein.

Wir herrschen mit YAHUSHA tausend Jahre auf dieser Erde. Offenbarung 20:4 Und ich sah Throne, und sie setzten sich darauf, denen die Vollmacht gegeben wurde zu richten; und ich sah die Seelen derer, die enthauptet worden waren wegen des Zeugnisses YAHUSHAS und wegen des Wortes ALOHIYMS, die das Tier und sein Bild nicht angebetet hatten und das Malzeichen nicht an ihren Stirnen oder an ihren Händen empfangen hatten; und sie lebten und herrschten mit dem Messias tausend Jahre.

Danach werden diejenigen, die seit dem Beginn der Menschheit gestorben und diejenigen, die ohne YAHUSHA in ihrem Leben gestorben sind, für den Tag des Jüngsten Gerichts auferweckt werden, an dem sie gerechte Vergeltung für ihre Werke empfangen werden. Das heißt, sie werden Erlösung oder ewige Verdammnis empfangen. Offenbarung 20:5-6 Aber die übrigen Toten wurden nicht lebendig, bis die tausend Jahre vollendet waren. Dies ist die erste Auferstehung. 6Gesegnet und heilig ist der, der Anteil an der ersten Auferstehung hat;

der zweite Tod hat keine Macht über diese, sondern sie werden Priester ALOHIYMS und des Messias sein und mit ihm tausend Jahre herrschen. Hier werden die Ungerechten in das ewige Feuer geworfen werden, Offenbarung 20:14 Und der Tod und der Hades wurden in den Feuersee geworfen. Dies ist der zweite Tod. 15 Und wer nicht im Buch des Lebens eingeschrieben gefunden wurde, wurde in den Feuersee geworfen.

Das Neue Jerusalem wird klar beschrieben in Offenbarung 21:2 Und ich Johannes sah die heilige Stadt, das neue Jerusalem, vom Himmel herabkommen von ALOHIYM, bereitet wie eine für ihren Mann geschmückte Braut.

Das heißt, dass sie vom Himmel herabkommt, um auf der Erde errichtet zu werden, wo wir mit unserem Schöpfer YAHUAH wohnen werden. Nirgendwo in den Schriften steht, dass wir Menschen in den Himmel gehen. Das geschieht nicht, es ist nicht biblisch. Die Erde ist unser Paradies, das für uns geschaffen wurde, und wir haben es mit der Sünde verdorben, deshalb brauchen wir dann unser neues Zuhause, das diese verdorbene Erde durch das makellose Neue Jerusalem ersetzen wird. Aber alles wird hier geschehen, wir sind irdische Wesen und auf der Erde werden wir immer sein, der Himmel ist nicht für uns Menschen bestimmt, deshalb werden wir niemals in den Himmel gehen.

Ich hoffe, wir können die Schwere und Kürze der gegenwärtigen Situation verstehen, in der wir uns befinden. Für diejenigen, die einen Geleitschein oder freien Zugang zum ewigen Leben haben wollen, kann nur YAHUSHA ihn geben und es gibt nur eine Möglichkeit, solange wir leben.

Dies ist der Grund, warum YAHUSHA unsere Erlösung ist und nur in YAHUSHA Erlösung für unsere Seelen existiert. Es gibt keine weiteren Möglichkeiten, es ist HIER UND JETZT. Seien Sie sehr vorsichtig mit dem, was Sie wählen, denn Ihre Entscheidung ist eine

Frage von ewigem Leben oder Tod. Matthäus 24:13 Wer aber bis ans Ende beharrt, der wird gerettet werden.

Wie entwickelt man eine Beziehung mit YAHUAH (YAHUSHA)?

Wir alle wollen wissen, wie man eine persönliche Beziehung mit unserem Schöpfer YAHUAH oder unserem Retter YAHUSHA entwickelt.

Die Wahrheit ist, dass wir als Menschen immer die schwierigsten Wege suchen, um uns gut zu fühlen und zu sagen, dass wir etwas tun, um zu unserer Beziehung mit YAHUAH beizutragen. Dennoch ist es einfacher, als man uns gelehrt hat und als wir denken. Dies sind die drei wichtigen Schritte, um diese Beziehung zu erreichen:

Studiere das Wort YAHUAHS: Indem wir Sein Wort studieren, können wir Seine Gebote und Satzungen für unser Leben kennenlernen. Ich spreche immer von seinen Geboten (10 Gebote) und seinen Satzungen (seine Feste halten). Johannes 5:39 Erforscht die Schriften; denn ihr meint, in ihnen das ewige Leben zu haben; und sie sind es, die von mir (YAHUSHA) Zeugnis geben.

Sprich mit YAHUAH: Wir müssen daran denken, dass eine Beziehung Zeit braucht und dass die Weise, Beziehungen zu pflegen, darin besteht zu kommunizieren, zu sprechen und mit YAHUAH zu teilen. Psalmen 119:15 Über deine Gebote werde ich nachdenken; ich werde deine Wege betrachten. 16Ich werde mich über deine Satzungen freuen; ich werde deine Worte nicht vergessen. Josua 1:8 Dieses Buch des Gesetzes (seine Gebote und Satzungen) soll nicht von deinem Mund weichen, sondern du sollst Tag und Nacht darüber nachdenken, damit du darauf achtest und handelst gemäß allem, was darin geschrieben steht; denn dann wirst du deinen Weg gedeihen lassen, und alles wird dir gut gelingen. Indem wir über seine Gebote und Satzungen nachdenken und meditieren, teilen wir mit YAHUAH, wir erfreuen uns an Seinen Verordnungen und gleichzeitig gelingt es uns, auf natürliche Weise mit YAHUAH zu sprechen, anstatt es in ein monotones Ritual zu verwandeln. Dies ist unser Kommunikationsweg, um ständig mit unserem Schöpfer YAHUAH zu sprechen. 1 Thessalonicher 5:17 Betet ohne Unterlass. Es ist nicht so, dass wir immer auf den Knien sind, sondern dass wir ständig über Sein Wort und seine Gebote meditieren. Auf diese Weise beten wir ohne Unterlass und stehen in ständiger Kommunikation mit YAHUAH.

Folge YAHUSHA: Johannes 14:6 YAHUSHA sprach zu ihm: Ich bin der Weg und die Wahrheit und das Leben; niemand kommt zum Vater (YAHUAH) außer durch mich (YAHUSHA). 7Wenn ihr mich (YAHUSHA) erkannt hättet, würdet ihr auch meinen Vater (YAHUAH) erkennen; und von nun an kennt ihr ihn und habt ihn gesehen. Wie folgen wir YAHUSHA? Johannes 14:15 Wenn ihr mich liebt, haltet meine Gebote. Das ist alles, was wir tun müssen, um YAHUSHA zu folgen. Wir müssen es mit Liebe ausdrücken, nachdem wir ihn in unserem Leben angenommen haben, und die einzige Weise, wie wir diese Liebe zeigen, ist, wenn wir seine Gebote halten. Wir haben bereits gesehen, dass die Gebote, auf die sich YAHUSHA bezieht, die 10 Gebote sind.

Wie ihr sehen könnt, sind diese drei einfachen Schritte alles, was wir brauchen, um unsere persönliche Beziehung mit unserem Schöpfer YAHUAH und unserem Retter YAHUSHA zu entwickeln. Ich weiß nicht, ob ihr es bemerkt habt, aber zu keinem Zeitpunkt habe ich von Gefühlen oder emotionalen Zuständen gesprochen. Unsere Beziehung und Kommunikation mit unserem Schöpfer YAHUAH hat nichts mit Gefühlen oder damit zu tun, wie es uns geht.

Ich habe so viele Menschen sagen hören: „Es kommt einfach nicht aus mir heraus. Ich fühle es einfach nicht. Ich habe nicht das Gefühl, dass ich es richtig mache.“ Gefühle sind trügerisch, weil sie flüchtig und vergänglich sind. Unsere Beziehung basiert auf Überzeugung und Handlung. Hebräer 11:1 Der Glaube aber ist die Gewissheit dessen, was man hofft, die Überzeugung dessen, was man nicht sieht. Dies ist genau das, was wir verstehen müssen: Wir nähern uns YAHUSHA durch den Glauben, und der Glaube ist Handlung, ist Überzeugung, nicht Gefühle oder Worte. Es ist Überzeugung und Gewissheit oder Sicherheit in dem, was wir tun und in dem, was wir glauben.

Die Auserwählten

In den meisten Fällen schenken wir diesem Thema keine Aufmerksamkeit oder vielmehr halten wir nicht inne, um darüber nachzudenken, und dann entgeht uns seine Realität aus unserer Perspektive und unserem Leben. Wir vergessen, dass die Auserwählten existieren, die Privilegierten, die Favoriten oder der Same YAHUAHS; jedes Adjektiv, das Sie verwenden möchten, ist für mich in Ordnung.

YAHUAH erschafft alles und am sechsten Tag beschließt er, den Menschen nach seinem Bild oder Gleichnis zu erschaffen; es ist sein vollkommenstes Werk und dasjenige, für das er alles erschaffen hat. YAHUAH erfreut sich an seiner Schöpfung und übergibt sie Adam und Eva, damit sie sie bewahren und genießen.

Genesis 2:15 Und YAHUAH ALOHIYM nahm den Menschen und setzte ihn in den Garten Eden, damit er ihn bebaue und bewahre.

Jedoch gehorchen Adam und Eva nicht und bringen die Sünde oder den Ungehorsam zum ersten Mal seit der Schöpfung, und als Folge werden sie aus dem Garten Eden vertrieben, besser bekannt als das Paradies. YAHUAH vertreibt sie, weil nichts Verdorbenes oder Unreines das von ihm geschaffene Paradies genießen kann.

Genesis 3:23 Und YAHUAH vertrieb ihn aus dem Garten Eden, damit er den Erdboden bearbeite, von dem er genommen worden war. 24 Er trieb also den Menschen hinaus und stellte östlich des Gartens Eden Cherubim und ein flammendes Schwert auf, das sich nach allen Seiten drehte, um den Weg zum Baum des Lebens zu bewachen.

Dann beginnt die Menschheit sich zu bevölkern und wir sehen, dass der Ungehorsam und die Verunreinigung in der Schöpfung so groß sind, dass YAHUAH beschließt, das einzig Reine zu bewahren, das von ihr übrig geblieben ist. Er rettet die Auserwählten: Noah und seine Angehörigen (insgesamt acht).

Genesis 3:18-20 Aber ich werde meinen Bund mit dir aufrichten, und du sollst in die Arche gehen, du, deine Söhne, deine Frau und die Frauen deiner Söhne mit dir. 19 Und von allem Lebendigen, von allem Fleisch, sollst du zwei von jeder Art in die Arche bringen, damit sie mit dir am Leben bleiben; männlich und weiblich sollen sie sein. 20 Von den Vögeln nach ihrer Art und von den Tieren nach ihrer Art, von allem Kriechenden der Erde nach seiner Art, sollen zwei von jeder Art zu dir hineinkommen, damit sie am Leben bleiben.

Danach setzt sich die Geschichte der Menschheit fort, jedoch ist die Verderbtheit und Verunreinigung der Schöpfung YAHUAHS erneut so schrecklich, dass der Moment kommt, Sodom und Gomorra zu zerstören. Nicht jedoch, ohne dass YAHUAH zuvor die Auserwählten rettet.

Genesis 19:19-20 Siehe nun, dein Diener hat Gnade in deinen Augen gefunden, und du hast deine Barmherzigkeit groß gemacht, die du an mir getan hast, indem du mir das Leben gerettet hast; aber ich kann nicht auf den Berg entkommen, damit mich nicht das Übel ereilt und ich sterbe. 20 Siehe nun, diese Stadt ist nahe genug, um dorthin zu fliehen, und sie ist klein; lass mich jetzt dorthin entkommen (ist sie nicht klein?), und mein Leben wird gerettet werden.

Da die Menschheit weit fortgeschritten war, beschließt YAHUAH dann, dass es Zeit ist, seinem auserwählten Volk Sein Gesetz zu geben. Und deshalb übergibt YAHUAH auf dem Berg Sinai seine 10 Gebote an Mose für sein auserwähltes Volk.

Dieses Gesetz wurde nicht allen benachbarten Nationen gegeben, noch viel weniger der ganzen Welt, sondern es wurde dem auserwählten Volk Yasharal gegeben. Aber das Kuriose ist, dass

YAHUAH, als er Mose die Gebote gibt, auch den Heiden (Nicht-Yasharal) und den Fremden einschließt, der im Land Yasharal lebte und Teil des Volkes sein wollte.

Exodus 19:5-6 Nun denn, wenn ihr meiner Stimme gehorcht und meinen Bund haltet, so sollt ihr mein besonderes Eigentum sein unter allen Völkern; denn mein ist die ganze Erde. 6 Und ihr sollt mir ein Königreich von Priestern und ein heiliges Volk sein. Das sind die Worte, die du zu den Kindern Yasharal sprechen sollst.

Mit anderen Worten, YAHUAH gewährt jedem die Staatsbürgerschaft, der Teil Seines Volkes sein möchte, unabhängig davon, ob er Fremder oder Heide war. Wenn er Teil davon sein und dem Gesetz YAHUAHS folgen wollte, dann wurde er eingebürgert; er wurde Bürger Yasharals und wurde Teil des auserwählten Volkes.

Levitikus 19:33 Wenn ein Fremder bei euch in eurem Land wohnt, sollt ihr ihn nicht unterdrücken. 34 Wie einen Einheimischen unter euch sollt ihr den Fremden behandeln, der bei euch wohnt, und du sollst ihn lieben wie dich selbst; denn Fremde wart ihr im Land Ägypten. Ich bin YAHUAH euer ALOHIYM.

Ich hoffe, ihr erinnert euch an die Geschichte von Rahab, der Hure, die in der Stadt Jericho lebte, als Josua diese Stadt eroberte. Rahab war keine Yasharalin und gehörte nicht zum Volk Yasharal; sie war Heidin, Paganin, Hure oder Prostituierte. Dennoch schützte sie die Spione und wurde folglich in das Volk Yasharal aufgenommen als Teil desselben.

Das Überraschendste an dieser Geschichte ist, dass Rahab zwei Söhne hatte; einer von ihnen war Boas, von dem König David abstammte und folglich der Messias YAHUSHA. Das heißt, dass von einer Fremden, die Bürgerin des Volkes YAHUAHS wurde, dann der Messias als Retter Seines Volkes kam.

Matthäus 1:5 Salmon zeugte mit Rahab den Boas, Boas zeugte mit Ruth den Obed, und Obed zeugte Isai. 6 Isai zeugte den König David, und der König David zeugte Salomo von der Frau des Uria.

Es ist dasselbe Konzept wie wenn Sie in ein anderes Land auswandern, sagen wir zum Beispiel Italien. Sie werden ein Fremder in Italien sein, bis Sie den gesamten rechtlichen Prozess durchlaufen und die italienische Regierung Ihnen die Staatsbürgerschaft gewährt. Von diesem Moment an werden Sie dann italienischer Bürger sein, obwohl Sie weder dort geboren noch aufgewachsen sind noch das natürliche Blut der Italiener in sich tragen. Jetzt sind Sie Bürger und genießen daher alle Privilegien, die die einheimischen Italiener haben, und außerdem haben Sie auf dieselbe Weise dieselben Verantwortungen und müssen dieselben Gesetze befolgen.

Levitikus 24:22 Ein und dieselbe Satzung soll für den Fremden wie für den Einheimischen gelten; denn ich bin YAHUAH euer ALOHIYM.

Zusammenfassend ist dies dasselbe Konzept, das YAHUAH immer verfügbar gemacht hat, damit jeder, der Teil Seines Volkes sein möchte, Bürger des Reiches werden kann. Da wir bereits Bürger des Reiches YAHUAHS sind, haben wir dann die Verpflichtung und das Privileg, den Gesetzen YAHUAHS zu gehorchen, weil das Gesetz direkt dem Volk YAHUAHS gegeben wurde, nicht der gesamten Menschheit.

Ebenso beschließt YAHUAH, seine Feste (7 pro Jahr) zu erschaffen, um sich seinem Volk durch sie zu offenbaren. Diese Feste wurden ausschließlich dem Volk YAHUAHS gegeben und nicht der ganzen Welt oder allen Nationen. Sie wurden nur den Auserwählten gegeben.

Levitikus 23:1-2 Und YAHUAH sprach zu Mose und sagte: 2 Rede zu den Kindern Yasharal und sage ihnen: Die feierlichen Feste YAHUAHS, die ihr als heilige Versammlungen ausrufen sollt, diese sollen es sein.

Die Menschheit setzt ihren Lauf fort und YAHUAH offenbart sich seinem Volk, den Auserwählten, im Verlauf der ganzen Geschichte. Dennoch offenbart sich YAHUAH nur den Auserwählten und nicht der ganzen Welt. So sehr sogar, dass YAHUAH beschließt, seinen einzigen Sohn YAHUSHA zu senden, um am Pfahl von Golgatha zu sterben, damit Sein Volk, das heißt die Auserwählten, sich mit YAHUAH versöhnen können.

1 Johannes 4:10 Darin besteht die Liebe: Nicht, dass wir ALOHIYM geliebt haben, sondern dass er (YAHUAH) uns geliebt und seinen Sohn (YAHUSHA) gesandt hat als Sühnung für unsere Sünden.

YAHUSHA kam, um ewiges Leben nur denen zu geben, die ihn empfangen und seinen Namen bekennen. Johannes 1:12 Aber allen, die ihn empfingen, denen, die an seinen Namen glauben, gab er Macht, Kinder ALOHIYMS zu werden. Das Konzept gilt nur für diejenigen, die ihn empfangen, es gilt nicht für die ganze Welt oder die gesamte Menschheit; es gilt einzig und ausschließlich für die Auserwählten.

Jedoch endet es nicht dort, denn YAHUSHA sagt dann, dass er für Sein Volk zurückkehren muss, für die Auserwählten. Er kehrt nicht für die gesamte Menschheit zurück, sondern einzig und ausschließlich für Sein Volk, für die Auserwählten. Das Beeindruckendste von allem ist, dass YAHUSHA eine Wohnstätte für uns mit YAHUAH vorbereitet. Obwohl wir alles verdorben haben, erschafft YAHUAH weiterhin einen besonderen Ort für Seine Auserwählten.

Johannes 14:2 Im Haus meines Vaters (YAHUAH) sind viele Wohnungen; wenn es nicht so wäre, hätte ich es euch gesagt; ich gehe hin, um euch einen Platz zu bereiten. 3 Und wenn ich hingehe und euch einen Platz bereite, werde ich wiederkommen und euch zu mir nehmen, damit dort, wo ich (YAHUSHA) bin, auch ihr seid.

Nun, wie es seit dem Beginn der Menschheit gewesen ist, kann nichts Unreines oder Sündiges in das für uns geschaffene Paradies eintreten oder es genießen. YAHUAH muss noch einmal die Auserwählten retten und endgültig die Nicht-Auserwählten, die Kinder des Verderbens, verurteilen oder vernichten. YAHUAH muss seine Schöpfung reinigen oder läutern, damit nur diejenigen Auserwählten oder Reinen das geschaffene Paradies genießen können.

Offenbarung 21:27 Nichts Unreines oder das Greuel und Lüge tut, wird in sie (Neues Jerusalem) hineingehen, sondern nur diejenigen, die eingeschrieben sind (nur diejenigen, die eingeschrieben sind, niemand sonst) im Buch des Lebens des Lammes (YAHUSHA).

Zusammengefasst ist dies das Konzept, das hoffentlich uns allen klar wird. Die Schöpfung wurde nicht für das Unreine oder Verdorbene gemacht, sondern die Schöpfung wurde für das Volk YAHUAHS erschaffen. Niemals wird etwas Unreines oder Verdorbenes bestehen oder in das von YAHUAH geschaffene Paradies eintreten können.

Deshalb hat YAHUAH durch die Geschichte hindurch immer Sein Volk oder seinen Samen bewahrt, weil alles, was Er gemacht hat, gut ist, weshalb nichts, was nicht gut ist, die Güte YAHUAHS genießen oder mit ihr koexistieren kann.

Johannes 11:26 Und jeder, der lebt und an mich glaubt, wird niemals sterben. Glaubst du das?

Apostelgeschichte 10:43 Von diesem geben alle Propheten Zeugnis, dass alle, die an ihn glauben, Vergebung der Sünden durch seinen Namen empfangen werden.

1 Johannes 5:1 Jeder, der glaubt, dass YAHUSHA der Messias ist, ist aus ALOHIYM geboren; und jeder, der den liebt, der gezeugt hat, liebt auch den, der von ihm gezeugt worden ist.

Mit anderen Worten, leider für viele und so hart oder bitter es auch sein mag zu akzeptieren, am Ende wird alles der Gruppe der Auserwählten gehören, denen, die an YAHUSHA glauben, dem Volk YAHUAHS. Und da YAHUSHA unser Botschafter ist, kann nur YAHUSHA uns die Staatsbürgerschaft des Reiches YAHUAHS geben und deshalb können wir jetzt durch Gnade und Glauben an YAHUSHA, unseren ewigen Botschafter, Bürger des Reiches oder des Volkes YAHUAHS werden.

Ebenso, da wir hier auf dieser Erde geistliche Bürger des Reiches YAHUAHS sind, sind unsere Gesetze die Gesetze YAHUAHS. Indem wir den Gesetzen des Königs gehorchen, erhalten wir unser Abzeichen als Bürger des Reiches; und die Gebote YAHUAHS zu halten und Seine Feste zu erinnern und zu halten, sind Zeichen dafür, dass wir Bürger seines Reiches sind.

Numeri 9:14 Und wenn ein Fremder bei euch wohnt und das Passah für YAHUAH feiert, soll er es gemäß der Ordnung des Passahs und gemäß seinen Gesetzen feiern; ein und dieselbe Ordnung sollt ihr haben, sowohl für den Fremden als auch für den Einheimischen des Landes.

Können Sie sich Bürger des Reiches YAHUAHS nennen, wenn Sie den Geboten des Königs nicht gehorchen? Definitiv NEIN. Es gibt keinerlei Möglichkeit, Bürger einer Nation (Nation YAHUAHS) zu sein, wenn man die in dieser Nation festgelegten Gesetze nicht befolgt.

Johannes 14:6 YAHUSHA sprach zu ihm: Ich bin der Weg und die Wahrheit und das Leben; niemand kommt zum Vater (YAHUAH) außer durch mich (YAHUSHA).

Zum Beispiel werden Sie nicht als Bürger einer Nation betrachtet, wenn Sie den Unabhängigkeitstag Ihres Landes nicht feiern und sich nicht danach sehnen. Wie glauben Sie dann, als Bürger des Reiches YAHUAHS betrachtet werden zu können, wenn Sie die Feste des Königs oder die Unabhängigkeit des Reiches nicht feiern?

Jedoch ist das HÄRTESTE und BITTERSTE, dass diese Gesetze und Feste nicht für die ganze Welt bestimmt sind, sondern EINZIG für die Kinder oder Bürger des Reiches. Die Kinder des Verderbens werden niemals die Gesetze des Reiches YAHUAHS feiern oder sich dafür interessieren, weil sie nicht zur Gruppe der Auserwählten gehören. Sie haben bereits eine andere Staatsbürgerschaft oder einen anderen König, das heißt die Staatsbürgerschaft des Verderbens: Sie gehorchen den Gesetzen des Vaters des Verderbens.

Dies bedeutet, dass der Inhalt dieses Werkes nicht für die ganze Welt bestimmt ist. Es ist möglich, dass die große Mehrheit sagt, dass es Unsinn sei oder dass dies nicht das ist, was ihnen seit ihrer Kindheit beigebracht wurde. Vielleicht sagen sie einfach, dass die entwickelten Konzepte Lügen seien und versuchen daher, ihre gegen die Wahrheit gerichteten Handlungen zu rechtfertigen. Das ist so, weil sie nicht Teil der Auserwählten sind.

Wenn Ihr Herz Sie dazu bringt, die Wahrheit zu verstehen und anzunehmen, so hart oder schwierig sie auch erscheinen mag, werden Sie wissen, dass Sie Teil der Bürger des Reiches sind. Das Kennzeichen, das wir Bürger des Reiches YAHUAHS tragen, besteht darin, die Gebote YAHUAHS in unserem Leben anzuerkennen, sie zu halten und Seine Feste zu sehen, Handlungen, die als das Siegel fungieren, das den Bund als Bürger des Reiches besiegelt.

Jubiläen 2:17-18. Und er gab uns ein großes Zeichen, den Ruhetag, damit wir sechs Tage arbeiten, aber den Sabbat am siebten Tag von aller Arbeit halten. 18. Und alle Engel der Gegenwart und alle Engel der Heiligung, diese zwei großen Klassen: Er hat sie uns verborgen, damit wir den Sabbat mit Ihm im Himmel und auf der Erde halten.

Ich teile diese zwei Verse mit euch, damit wir besser verstehen, dass es nicht für alle und nicht für die gesamte Menschheit ist, sondern einzig für die Auserwählten YAHUAHS. Einige denken, dass alle Engel den Sabbat halten und dass die gesamte Menschheit die Gebote YAHUAHS anerkennt und akzeptiert. Dennoch ist dies weit von der Wahrheit entfernt.

YAHUAH wählte nur zwei Kategorien von Engeln aus, damit sie den Sabbat mit Ihm halten: Alle Engel der Gegenwart und alle Engel der Heiligung. Das heißt, die auserwählten Engel, diejenigen, die YAHUAH am nächsten sind und ständig in Seiner Gegenwart und in Heiligung mit Ihm stehen. Dieses Privileg, den Sabbat zu halten, wurde nicht allen Engeln gegeben, genauso wie es nicht der gesamten

Menschheit gegeben wurde. Dies ist ein Privileg, das einzig und ausschließlich den Kindern oder Bürgern des Reiches YAHUAHS gegeben wurde.

Wir können das Gleichnis der 10 Jungfrauen in Matthäus 25 als Analogie nehmen: Nur die Klugen waren bereit und warteten auf ihre Ehemänner. Genauso werden nur diejenigen, die wachsam sind und die Feste YAHUAHS erwarten und ersehnen, aufmerksam und vorbereitet auf die Ankunft YAHUSHAS sein. Das Kennzeichen ist für diejenigen, die Seine Gebote halten (einschließlich des Sabbats als Ruhetag) und für diejenigen, die vorbereitet sind und Seine Feste feiern als ewige Erinnerung an Sein Kommen und Seine ewige Erlösung.

Sind Sie Bürger des Reiches YAHUAHS? Beobachten und beachten Sie die Feste des Königs?

Nur Sie und niemand sonst haben die Antwort auf diese Fragen. Stellen Sie nur sicher, dass es nicht zu spät ist und dass Sie nicht in den Netzen der Ausreden des Widersachers gefangen sind, jener, die nur zur ewigen Verdammnis führen. Stellen Sie sicher, Bürger des Reiches YAHUAHS durch unseren ewigen Botschafter YAHUSHA zu sein.

Römer 10:9 dass wenn du mit deinem Mund bekennst, dass YAHUSHA der Meister ist, und in deinem Herzen glaubst, dass ALOHIYM ihn von den Toten auferweckt hat, du gerettet werden wirst.

Manchmal wissen wir nicht, was es bedeutet, mit dem Herzen und nicht mit unserem Verstand zu glauben. Dies bedeutet, dass unser ganzes Wesen die Gewissheit oder die Überzeugung hat, dass YAHUSHA unser Meister und Messias ist. Unser Herz ist der Motor unseres Lebens und deshalb gibt es keinen Platz für Zweifel oder irgendeinen fremden Gedanken.

Wenn das Herz (physisches Organ) für einige Sekunden stehen bleibt, sterben wir sofort. Dies bedeutet, dass unser Herz (nicht als physisches Organ) der perfekte Kern für unsere Überzeugung und unseren Glauben an YAHUSHA ist. Jeder Gedanke kann denjenigen überzeugen oder entmutigen, der mit dem Verstand glaubt, jedoch niemals denjenigen, der mit dem Herzen glaubt.

Zusammenfassend ist es für mich kein Kummer, ob Sie diesen Worten glauben oder nicht glauben. Dass Sie sich entscheiden, nicht zuzuhören und sich auf jede mögliche Weise zu rechtfertigen, ist ebenfalls nicht meine Angelegenheit. Diese Worte sind einzig und ausschließlich für die Kinder des Reiches bestimmt, für diejenigen Bürger YAHUAHS, die noch schlafen und aufgeweckt werden müssen, um Mitteilhaber des neuen Reiches zu werden. Dies ist nicht für die ganze Welt bestimmt.

Schlussfolgerung

Obwohl wir im Verlauf dieser Studie auf viele neue und eindrucksvolle Informationen gestoßen sind, ist alles der Öffentlichkeit zugänglich.

Das Hauptziel dieses kurzen Leitfadens ist es, jedem Leser die entsprechende Information zu geben, um sich YAHUAH zu nähern, Seine Gebote und die Feste YAHUAHS oder die Biblischen Feste kennenzulernen, damit wir verstehen, dass sie weiterhin gültig sind und dass sie nicht verhandelbar und noch viel weniger durch Gebote von Menschen oder heidnische Feste ersetzbar sind.

Vielleicht werden sich einige fragen, wie wir dazu kamen, seine Gebote zu verändern und seine Feste zu vergessen, obwohl sie immer in der Bibel präsent gewesen sind. Die Antwort ist, wie wir bereits sagten, dass alles mit Konstantin begann. So viele Dinge geschahen in der Geschichte, dass nicht einmal mehrere Bücher ausreichen würden, um die Ereignisse zu teilen, die die Welt auf eine so drastische Weise veränderten, bis zu dem Punkt, die Menschheit von ihrem Schöpfer YAHUAH zu entfernen.

Erinnert euch daran, dass das Mandat Konstantins und der Führer der Kirche war, dass es keinen anderen Gott geben konnte und sie keinen anderen Gott akzeptieren konnten als den vom Reich erschaffenen, noch viel weniger irgendeine Praxis, die nicht den Normen folgte, die sie erschaffen hatten. Dies führte dazu, Menschen als Ketzer zu bezeichnen und zu brandmarken, mit Todesurteil und Verfolgung, wenn:

Jemand den Samstag (Ruhetag gemäß der Bibel) als Ruhetag hielt statt des Sonntags (der Tag, der von Konstantin und seinen Führern erschaffen wurde)

Jemand die Biblischen Feste hielt oder praktizierte statt der heidnischen Feste.

Jemand den neuen Gott des Reiches nicht akzeptierte und öffentlich erklärte, ihm zu folgen.

Wenn jemand als Jude oder Yasharal angesehen wurde

Dies sind einfach einige Punkte, die hervorstechen, da die Religion und die Annahme des neuen Gottes des römischen Reiches MANDATORISCH war, das heißt es war VERPFLICHTEND, ihm zu dienen, und wer ihm nicht diente, wurde zum Feind der Kirche und des Staates und folglich zu einem Ketzer, der zum Tod verurteilt war.

Ebenso war es verpflichtend, die Bücher zu akzeptieren, die das Reich als gültig oder als inspiriertes Wort erklärt hatte, und jeder, der versuchte, die Bibel zu übersetzen oder den Massen zugänglich zu machen, war des Scheiterhaufens würdig, exkommuniziert und verfolgt…

All diese Praktiken führten dazu, dass die Gebote (Viertes Gebot, den Samstag zu halten) und die Feste YAHUAHS in Vergessenheit gerieten und stattdessen die neuen heidnischen Feste praktiziert wurden, die vom Reich und seinen Führern erklärt wurden. Außerdem wird das vom Menschen erschaffene Gebot gehalten, das die Ersetzung des Samstags durch den Sonntag festlegt.

Kurz gesagt, das Ziel ist immer dasselbe gewesen: Die Menschheit von ihrem Schöpfer YAHUAH zu entfernen und sie in Ruinen und ewiges Verderben zu ziehen.

Römer 3:2 Weil alle gesündigt haben und der Herrlichkeit YAHUAHS ermangeln.

Vergessen wir nicht, dass wir alle in Sünde und außerhalb der Herrlichkeit YAHUAHS geboren wurden, sodass das Ziel des Feindes darin besteht, uns fern von der Erkenntnis YAHUAHS zu halten, damit wir die Wahrheit nicht kennen und ihn nicht anbeten. Dies liegt daran, dass, wenn wir die Wahrheit erfahren, wir dann YAHUAH dienen und durch YAHUSHA mit unserem Schöpfer YAHUAH versöhnt werden.

Indem wir seine Gebote halten und seine Feste erinnern, zeigen wir unsere Liebe zu YAHUAH. Johannes 14:15 Wenn ihr mich liebt, haltet meine Gebote. Dies zeigt uns, dass es nur eine Weise gibt, unsere Liebe zu Ihm zu zeigen, und das ist, seine Gebote zu halten. Dies hat nichts mit Gefühlen zu tun, damit, ob wir fühlen oder nicht fühlen, und noch viel weniger mit dem Wort. Dies hat mit Handlung zu tun, damit unsere Handlungen die Liebe zeigen, die wir für unseren Schöpfer YAHUAH und Retter YAHUSHA haben, indem wir seine Gebote halten. Wie wissen wir also, dass wir ihn lieben? Wenn wir seine Gebote halten.

Matthäus 21:28 Was meint ihr aber? Ein Mann hatte zwei Söhne, und er trat zum ersten und sagte: Sohn, geh heute in meinem Weinberg arbeiten. 29Er antwortete und sagte: Ich will nicht; aber danach, bereute er und ging. 30Und er trat zum anderen und sagte dasselbe; und er antwortete und sagte: Ja, Herr, ich gehe. Und er ging nicht. 31 Welcher von den beiden tat den Willen seines Vaters? Sie sagten: Der erste. YAHUSHA sagte zu ihnen: Wahrlich, ich sage euch, dass die Zöllner und die Huren vor euch in das Reich ALOHIYMS gehen.

Dies ist, damit wir verstehen, dass es nicht um den geht, der sagt, sondern um den, der tut; mit anderen Worten, es ist notwendig zu tun. Aber was tun?, würden einige fragen. Den Willen des Vaters (YAHUAH) tun. Und was ist der Wille des Vaters (YAHUAH)? Dass wir seine Gebote halten.

Also, wenn YAHUAH sagt, dass seine Gebote und seine Feste EWIG sind, das heißt für immer, werden sie es für mich immer sein, denn es ist nicht nur das, was Er sagte, sondern außerdem bedeutet ewig, dass es keine Verfallsgrenze hat.

Mehr noch, wenn wir YAHUSHA, die Jünger und Apostel alle Feste feiern und die Gebote befolgen sehen, haben wir dann mehr Autorität als sie, um sie abzuschaffen oder die Gebote zu verändern? Die Antwort ist ein einfaches NEIN.

Lasst uns die Gebote und die Feste YAHUAHS als vorrangige Ereignisse in unser Leben setzen; sie sollten Tage des Jubels und der Freude für uns alle sein. Auf diese Weise werden wir erkennen, dass wir uns all der Freude entzogen haben, die YAHUAH ALOHIYM für uns vorbereitet hat. Erinnert euch, es sind Feste YAHUAHS, als Erinnerung, damit wir uns freuen, aus dem Ritual herauskommen und die Feste genießen, sodass unsere Familienangehörigen und Freunde sich sehnen, dass diese Festtage kommen, da man mit den Festen YAHUAHS in unserem Leben teilen, kosten und genießen wird.

Josua 24:15 Und wenn es euch schlecht erscheint, YAHUAH zu dienen, so wählt euch heute, wem ihr dienen wollt; ob den Göttern, denen eure Väter dienten, als sie jenseits des Flusses waren, oder den Göttern der Amoriter, in deren Land ihr wohnt; aber ich und mein Haus werden YAHUAH dienen. Wenn wir die Worte YAHUSHAS in diesem Vers umschreiben, sagen sie: „Und wenn es euch schlecht erscheint, YAHUAH zu dienen, so wählt euch heute, wem ihr dienen wollt… Aber ich und mein Haus werden YAHUAH dienen“ und wir werden die Feste YAHUAHS feiern.

Zusammenfassend ist es nicht mein Ziel, das Denken oder die Art irgendeiner Person zu verändern. Mein Hauptziel ist es, die Wahrheit der Schriften zu teilen; danach werden Sie entscheiden, ob Sie sie glauben oder nicht. Wenn Sie in diesem Leitfaden etwas finden, das Ihnen nicht gefällt oder womit Sie nicht einverstanden sind, empfehle ich Ihnen, Ihre eigene Untersuchung durchzuführen. Mit Gewissheit wird die Wahrheit zu den Kindern des Lichts gelangen, denn die Kinder der Finsternis werden die Wahrheit niemals so akzeptieren, wie sie ist.

Die Kinder der Finsternis oder des Verderbens werden immer versuchen, die Wahrheit so auszuschmücken, dass sie klingt, als sei sie mit Wahrheit bekleidet und glaubwürdig, während sie in Wirklichkeit voller Lüge ist. Es ist mein ständiges Gebet, dass jeder, der diesen Leitfaden lesen kann, zur Freiheit und zur Wahrheit gelangen möge. Johannes 8:32 und ihr werdet die Wahrheit erkennen, und die Wahrheit wird euch frei machen. Ich hoffe, dass sie eines Tages frei werden können in der Wahrheit, die in YAHUSHA, unserem Retter, ist.

Gebet

M ein YAHUAH ALOHIYM, ich danke für diese Gelegenheit, Dein Wort und Deine Wahrheit teilen zu können. Danke, dass Du mir die Gelegenheit gibst, deinen wahren Namen wiederherzustellen.

Ich flehe Dich an, die Leser zu berühren und sie zur Erkenntnis Deines Namens zu bringen. Ich bitte darum, dass Deine Feste beginnen, Teil unseres Lebens zu werden.

Segne, beschütze, gib dem Leser Verständnis und Weisheit, indem Du ihn zur Erkenntnis Deiner einzigen Wahrheit führst, im mächtigen Namen Deines geliebten Sohnes YAHUSHA. Amen.

YERAL E. OGANDO, PhD

Ein in der Wiederherstellung verwurzelter Ruf

Yeral E. Ogando, PhD, ist ein theologischer Autor, Bibelforscher, Pädagoge und Spezialist für Wiederherstellung, dessen Lebenswerk der Wiederherstellung des Namens des Schöpfers, der Integrität der Schriften und der Rückkehr der Menschheit zu ihrem ursprünglichen Zweck gewidmet ist, wie er von YAHUAH festgelegt wurde.

Sein Weg in der theologischen Forschung und im Schreiben entstand aus einer tiefen Überzeugung, dass ein großer Teil des modernen Glaubens sich von den hebräischen Grundlagen der Schriften entfernt hat. Diese Überzeugung führte ihn dazu, ein strenges Studium, linguistische Forschungen und eine theologische Ausbildung zu verfolgen, um die Schriften in ihrer Originalsprache, ihrem historischen Kontext und ihrem Bundesrahmen zu untersuchen. Sein Werk versucht, theologische Tiefe und geistliche Klarheit zu verbinden, indem es den Lesern eine kohärente biblische Sicht bietet, die in der Wiederherstellung und nicht in religiöser Tradition verwurzelt ist.

Akademische Ausbildung, Lehre und institutionelle Leitung

Dr. Ogando besitzt eine fortgeschrittene akademische Ausbildung in Theologie, Linguistik, Bildung und Sprachunterricht, einschließlich eines Doktorats in Theologie (PhD in Theology). Seine akademische Ausbildung nährt einen auf Forschung gegründeten Lehransatz, während er zugänglich bleibt, sodass komplexe biblische und theologische Konzepte Lesern aus verschiedenen kulturellen und bildungsbezogenen Kontexten klar vermittelt werden können.

Er hat Bibelstudien und mehrere Sprachen in akademischen und pädagogischen Kontexten gelehrt und auf Spanisch, Englisch, Französisch, Italienisch, Portugiesisch und Haitianisch-Kreolisch unter anderem gearbeitet. Seine Lehre spiegelt ein Engagement nicht nur für intellektuelles Wissen wider, sondern auch für Jüngerschaft, Bundestreue und wiederhergestelltes biblisches Verständnis, das auf den Schriften gegründet ist.

Dr. Ogando ist auch der Gründer des Yahuah Institute of Biblical Restoration, Inc., einer akademischen und theologischen Institution, die der auf Wiederherstellung zentrierten biblischen Bildung, den hebräischen Studien, der Bundestheologie und der Forschung zur Wiederherstellung der Schriften gewidmet ist. Durch das Institut werden Studenten und Forscher mit akademischen Werkzeugen für ein tieferes Studium der Schriften in ihrem ursprünglichen hebräischen und bundesbezogenen Kontext ausgestattet.

Das Institut dient als Bildungszentrum für das Programm Restored Yada Yahuah und das Programm Master of Biblical Restoration Studies (MBRS), entwickelt, um eine fortgeschrittene theologische Ausbildung anzubieten, die auf Wiederherstellung, biblische Sprachen, Bundesverständnis und die Offenbarung des Namens YAHUAHS zentriert ist.

Veröffentlichte Werke und theologische Ausrichtung

Yeral E. Ogando ist der Autor zahlreicher theologischer und auf Wiederherstellung zentrierter Werke, einschließlich:

- YAHUAH (יהוה): Wiederherstellungsführer
- Dabar Yahuah Scriptures
- Dabar Yahuah Scriptures Apokryfos
- Yada Yahuah Biblical Hebrew
- The Origin of Evil: Biblical Truths Hidden in Plain Sight
- The Three Humanities™ Series

Seine Projekte zur Wiederherstellung der Schriften existieren derzeit auf Englisch und Spanisch, mit kommenden Ausgaben auf Französisch, Italienisch, Deutsch und brasilianischem Portugiesisch, was sein Engagement widerspiegelt, die wiederhergestellten biblischen Texte über Nationen und Sprachen hinweg zugänglich zu machen.

Durch seine Schriften tritt eine einheitliche theologische Ausrichtung hervor: Die Offenbarung des Namens des Schöpfers, die Wiederherstellung der Wahrheit des Bundes, die Aufdeckung geistlicher Verderbnis, der biblische Ursprung des Bösen und die Entfaltung des Heilsplans YAHUAHS durch YAHUSHA den Messias. Sich auf die Torah, die Propheten, die Evangelien, die Bundestheologie und alte Quellen wie die Jubiläen und das Buch Henoch stützend, präsentieren seine Werke einen integrierten Rahmen, der Schöpfung, Fall, Erlösung und Wiederherstellung in einer einzigen kohärenten Erzählung verbindet.

Seine Forschungen und Lehren erkunden auch die linguistische Wiederherstellung, biblische Anthropologie, geistliche Identität und den historischen Übergang vom hebräischen Verständnis des Bundes zu späteren religiösen Systemen. Durch diese Werke ruft er die Leser dazu auf, die Schriften jenseits ererbter Vorannahmen zu untersuchen und zu den grundlegenden Wahrheiten des Wortes YAHUAHS zurückzukehren.

Musik, Sprache und kreativer Ausdruck

Zusätzlich zu seiner literarischen Arbeit ist Dr. Ogando ein produktiver Musiktexter, Konzeptkünstler und Schöpfer theologischer Inhalte. Er hat den theologischen und lyrischen Inhalt von mehr als fünfzehn Musikalben auf Spanisch, Englisch, Französisch, Italienisch, Deutsch, Haitianisch-Kreolisch und Portugiesisch geschrieben. Obwohl künstliche Intelligenz als Produktions- und Kompositionswerkzeug verwendet wird, stammen der gesamte lyrische Inhalt, die theologische Ausrichtung und die konzeptuelle Struktur aus seinen ursprünglichen Schriften, Forschungen und Lehren.

Sein Weg als Polyglott und Sprachpädagoge nährt seine größere Mission. Obwohl er nicht mehr als professioneller Übersetzer arbeitet, ist er Gründer und Direktor einer internationalen Übersetzungsagentur, die professionelle Übersetzer in Hunderten von Sprachen auf der ganzen Welt koordiniert. In seinem Werk ist Sprache nicht einfach ein Kommunikationsmittel, sondern ein Fahrzeug, das dazu bestimmt ist, Bedeutung zu bewahren, Wahrheit wiederherzustellen und Glauben über Kulturen und Generationen hinweg zu übermitteln.

Eine einheitliche Mission

Ob durch Bücher, Projekte zur Wiederherstellung der Schriften, theologische Forschung, Bildung, Übersetzungsinitiativen, institutionelle Leitung oder Musik, das Werk von Yeral E. Ogando ist durch eine einzige Mission vereint: Den Namen YAHUAHS zu offenbaren, den Heilsplan durch YAHUSHA den Messias zu verkünden und die Menschheit dazu aufzurufen, durch die Wahrheit des Bundes und das Wort YAHUAHS zur göttlichen Wiederherstellung zurückzukehren.

Einladung

Leser, Studenten, Theologen und Forscher sind eingeladen, die Werke zu erkunden, die Lehren zu vertiefen und an einer fortlaufenden Suche nach Wahrheit teilzunehmen, die auf Wiederherstellung, Bundestreue und die Offenbarung YAHUAHS zentriert ist.

Bibliografie

J. (2020, 23. September). Wikipedia. https://es.wikipedia.org/wiki/J

MINEDUC. (o.J.). www.mineduc.gob.gt. Abgerufen am 30. April 2022, von https://www.mineduc.gob.gt/DIGECADE/documents/Telesecundaria/Recursos%20Digitales/2o%20Recursos%20Digitales%20TS%20BY-SA%203.0/03%20COMUNICACION%20Y%20LENGUAJE/U1%20pp%2023%20uso%20v.pdf

Der Name Gottes auf Suaheli: wie er bekannt gemacht wurde. (o.J.). JW.ORG. Abgerufen am 30. April 2022, von https://www.jw.org/es/biblioteca/revistas/wp20120901/nombre-de-dios-en-suajili/

Gott. (o.J.). Etimologías de Chile - Wörterbuch, das den Ursprung der Wörter erklärt. http://etimologias.dechile.net/?Dios

Zeus. (2021, 22. Juli). Wikipedia. https://es.wikipedia.org/wiki/Zeus

Jesus (Name). (2005, 9. August). männlicher Name. Wikipedia. https://es.wikipedia.org/wiki/Jes%C3%BAs_(nombre)

Die Herausgeber der Encyclopaedia Britannica. (2018). Jupiter | römischer Gott In Encyclopaedia Britannica. https://www.britannica.com/topic/Jupiter-Roman-god

Buch Eskra Kap. 48-60; Buch 28 der Standardausgabe von OAHSPE. (o.J.). Oahspestandardedition.com. Abgerufen am 30. April 2022, von https://oahspestandardedition.com/OSE_28f.html

Aschkenasisch. (2005, 27. April). jüdische Gemeinschaft mit Ursprung im Osten, Norden, Zentrum und Nordwesten Europas. Wikipedia. https://es.wikipedia.org/wiki/Asquenaz%C3%AD

Esus. (2021, 27. Juni). Wikipedia. https://es.wikipedia.org/wiki/Esus

Buch Eskra Kap. 48-60; Buch 28 der Standardausgabe von OAHSPE. (o.J.). Oahspestandardedition.com. https://oahspestandardedition.com/OSE_28f.html

Septuaginta. (2022, 6. April). Wikipedia. https://es.wikipedia.org/wiki/Septuaginta

Vulgata. (2022, 17. April). Wikipedia https://es.wikipedia.org/wiki/Vulgata

Alfonsinische Bibel. (2022, 20. April). Wikipedia. https://es.wikipedia.org/wiki/Biblia_alfonsina

Casiodoro de Reina. Ein flüchtiges Leben wegen der Übersetzung der Bibel ins Kastilische. (2019, 22. August). Desperta Ferro Ediciones. https://www.despertaferro-ediciones.com/2019/casiodoro-de-reina-traducir-la-biblia-al-castellano/

Geschichte der Kalender. (2020, 25. Februar). La Vanguardia. https://www.lavanguardia.com/vida/junior-report/20200224/473743933476/historia-calendarios-astronomia-tiempo-cultura.html

Ra. (2003, August). Gottheit des alten Ägyptens. Wikipedia. https://es.wikipedia.org/wiki/Ra_(mitolog%C3%ADa)

Ursprung des Kalenders - Typen und Entwicklung. (2021, 7. September). Curiosfera Historia. https://curiosfera-historia.com/historia-del-calendario/

Univisión. (o.J.). 5 Arten von Kalendern, die in verschiedenen Teilen der Welt verwendet werden. Univisión. Abgerufen am 30. April 2022, von https://www.univision.com/explora/5-tipos-de-calendarios-que-se-utilizan-en-diferentes-partes-del-mundo

Julianischer Kalender. (2022, 4. April). Wikipedia. https://es.wikipedia.org/wiki/Calendario_juliano

Mitwirkende der Wikimedia-Projekte. (2004, 15. Juli). Römischer Kriegsgott. Wikipedia. https://es.wikipedia.org/wiki/Marte_(mitolog%C3%ADa)

Romulus und Remus. (2003, 14. Oktober). Legendäre Gründer Roms. Wikipedia. https://es.wikipedia.org/wiki/R%C3%B3mulo_y_Remo

Bona Dea. (2021, 23. Oktober). Wikipedia. https://es.wikipedia.org/wiki/Bona_Dea

Juno. (Mythologie). (9. Mai 2006). Juno (Mythologie). Wikipedia. https://es.wikipedia.org/wiki/Juno_(mitolog%C3%ADa)

Janus. (2022, 27. Februar). Wikipedia. https://es.wikipedia.org/wiki/Jano

Februa. (2019, 16. Dezember). Wikipedia. https://es.wikipedia.org/wiki/Februa

Julius Caesar. (o.J.). Wikipedia. https://es.wikipedia.org/wiki/Julio_C%C3%A9sar

Octavian Augustus. (2022, 21. April). Wikipedia.
https://es.wikipedia.org/wiki/Octavio_Augusto

Dezember. (2021, 20. Dezember). Relatos E Historias En México.
https://relatosehistorias.mx/nuestras-historias/25-de-diciembre

Gregorianischer Kalender. (2022, 8. April). Wikipedia.
https://es.wikipedia.org/wiki/Calendario_gregoriano

Definition von alba: Definition von. (o.J.). Abgerufen am 30. April 2022, von
https://definicion.de/alba/

ASALE, R.-, & RAE. (o.J.). ewig, ewig „Wörterbuch der spanischen Sprache“ - Ausgabe des Dreihundertjahrjubiläums.
https://dle.rae.es/perpetuo

ASALE, R.-, & RAE. (o.J.). Götze, Götze „Wörterbuch der spanischen Sprache“ - Ausgabe des Dreihundertjahrjubiläums.
https://dle.rae.es/%C3%ADdolo

www.ingramcontent.com/pod-product-compliance
Lightning Source LLC
LaVergne TN
LVHW020047110826
845155LV00029B/663

* 9 7 8 1 9 4 6 2 4 9 6 8 5 *